ES KÖMMT DRAUF AN

ES KÖMMT DRAUF AN

MARX BEIM WORT GENOMMEN

neues leben

Auswahl und Zusammenstellung: Johannes Oehme

Textgrundlage und Quellenangaben: Karl Marx / Friedrich Engels: Werke (MEW), Berlin 1956 ff.

»Die Idealisten finden oft,
dem Materialismus fehle,
damit sie ihn gutheißen könnten,
nur etwas – Idealistisches.«

Bertolt Brecht

INHALT

»DAS ENSEMBLE DER GESELLSCHAFTLICHEN VERHÄLTNISSE«

Mensch und Gesellschaft

Die Gesellschaft besteht nicht aus Individuen, sondern drückt die Summe der Beziehungen, Verhältnisse aus, worin diese Individuen zueinander stehn.

Grundrisse der Kritik der politischen Ökonomie, MEW 42, 189

Man kann die Menschen durch das Bewußtsein, durch die Religion, durch was man sonst will, von den Tieren unterscheiden. Sie selbst fangen an, sich von den Tieren zu unterscheiden, sobald sie anfangen, ihre Lebensmittel *zu produzieren.*

Marx/Engels, Die deutsche Ideologie, MEW 3, 21

Wie die Gesellschaft selbst den *Menschen* als *Menschen* produziert, so ist sie durch ihn *produziert.* Die Tätigkeit und der Genuß, wie ihrem Inhalt, sind auch der *Existenzweise* nach *gesellschaftlich, gesellschaftliche* Tätigkeit und *gesellschaftlicher* Genuß. Das *menschliche* Wesen der Natur ist erst da für den *gesellschaftlichen* Menschen; denn erst hier ist sie für ihn da als *Band* mit dem *Menschen*, als Dasein seiner für den andren und des andren für ihn, wie als Lebenselement der menschlichen Wirklichkeit, erst hier ist sie da als *Grundlage* seines eignen menschlichen Daseins. Erst hier ist ihm sein *natürliches* Dasein sein *menschliches* Dasein und die Natur für ihn zum Menschen geworden. Also die *Gesellschaft* ist die vollendete Wesenseinheit des Menschen mit der Natur, die wahre Resurrektion der Natur, der durchgeführte Naturalismus des Menschen und der durchgeführte Humanismus der Natur.

Ökonomisch-philosophische Manuskripte, MEW 40, 537 f.

Bewußtsein ist [...] von vornherein schon ein gesellschaftliches Produkt und bleibt es, solange überhaupt Menschen existieren.

Marx/Engels, Die deutsche Ideologie, MEW 3, 31

Da der Denkprozeß selbst aus den Verhältnissen herauswächst, selbst ein *Naturprozeß* ist, so kann das wirklich begreifende Denken immer nur dasselbe sein, und nur graduell, nach der Reife der Entwicklung, also auch des Organs, womit gedacht wird, sich unterscheiden. Alles andre ist Faselei.

An L. Kugelmann, 1868, MEW 32, 553

Es ist nicht das Bewußtsein der Menschen, das ihr Sein, sondern umgekehrt ihr gesellschaftliches Sein, das ihr Bewußtsein bestimmt.

Zur Kritik der Politischen Ökonomie, MEW 13, 9

Setze den *Menschen* als *Menschen* und sein Verhältnis zur Welt als ein menschliches voraus, so kannst du Liebe nur gegen Liebe austauschen, Vertrauen nur gegen Vertrauen etc. Wenn du die Kunst genießen willst, mußt du ein künstlerisch gebildeter Mensch sein; wenn du Einfluß auf andre Menschen ausüben willst, mußt du ein wirklich anregend und fördernd auf andere Menschen wirkender Mensch sein. Jedes deiner Verhältnisse zum Menschen – und zu der Natur – muß eine *bestimmte*, dem Gegenstand deines Willens entsprechende *Äußrung* deines *wirklichen individuellen* Lebens sein.

Ökonomisch-philosophische Manuskripte, MEW 40, 567

Denken und Sein sind [...] *zwar* unterschieden, aber zugleich in *Einheit* miteinander. [...] Die Bildung der fünf Sinne ist eine Arbeit der ganzen bisherigen Weltgeschichte.

Ökonomisch-philosophische Manuskripte, MEW 40, 539 f.

Der Mensch, das ist kein abstraktes, außer der Welt hockendes Wesen. Der Mensch, das ist die *Welt des Menschen*, Staat, Sozietät.

Zur Kritik der Hegelschen Rechtsphilosophie, MEW 1, 378

In der gesellschaftlichen Produktion ihres Lebens gehen die Menschen bestimmte, notwendige, von ihrem Willen unabhängige Verhältnisse ein, Produktionsverhältnisse, die einer bestimmten Entwicklungsstufe ihrer materiellen Produktivkräfte entsprechen. Die Gesamtheit dieser Produktionsverhältnisse bildet die ökonomische Struktur der Gesellschaft, die reale Basis, worauf sich ein juristischer und politischer Überbau erhebt und welcher bestimmte gesellschaftliche Bewußtseinsformen entsprechen. Die Produktionsweise des materiellen Lebens bedingt den sozialen, politischen und geistigen Lebensprozeß überhaupt.

Zur Kritik der Politischen Ökonomie, MEW 13, 8

Das menschliche Wesen ist kein dem einzelnen Individuum inwohnendes Abstraktum. In seiner Wirklichkeit ist es das Ensemble der gesellschaftlichen Verhältnisse.

Thesen über Feuerbach, MEW 3, 5

Der Mensch ist im wörtlichsten Sinn ein *ζοον πολιτικον* [zoon politikon], nicht nur ein geselliges Tier, sondern ein Tier, das nur in der Gesellschaft sich vereinzeln kann.

Einleitung zu den Grundrissen der Kritik der politischen Ökonomie, MEW 42, 20

Die verschiedene Gestaltung des materiellen Lebens ist natürlich jedesmal abhängig von den schon entwickelten Bedürfnissen, und sowohl die Erzeugung wie die Befriedigung dieser Bedürfnisse ist selbst ein historischer Prozeß.

Marx/Engels, Die deutsche Ideologie, MEW 3, 71

Alle Emanzipation ist Zurückführung der menschlichen Welt, der Verhältnisse, auf den *Menschen selbst.* Die politische Emanzipation ist die Reduktion des Menschen, einerseits auf das Mitglied der bürgerlichen Gesellschaft, auf das *egoistische unabhängige* Individuum, andrerseits auf den *Staatsbürger*, auf die moralische Person. Erst wenn der wirkliche individuelle Mensch den abstrakten Staatsbürger in sich zurücknimmt und als individueller Mensch in seinem empirischen Leben, in seiner individuellen Arbeit, in seinen individuellen Verhältnissen, *Gattungswesen* geworden ist, erst wenn der Mensch seine »forces propres« [eigenen Kräfte] als *gesellschaftliche* Kräfte erkannt und organisiert hat und daher die gesellschaftliche Kraft nicht mehr in der Gestalt der *politischen* Kraft von sich trennt, erst dann ist die menschliche Emanzipation vollbracht.

Zur Judenfrage, MEW 1, 370

Die Verwandlung der persönlichen Mächte (Verhältnisse) in sachliche durch die Teilung der Arbeit kann nicht dadurch wieder aufgehoben werden, daß man sich die allgemeine Vorstellung davon aus dem Kopfe schlägt, sondern nur dadurch, daß die Individuen diese sachlichen Mächte wieder unter sich subsumieren und die Teilung der Arbeit aufheben. Dies ist ohne die Gemeinschaft nicht möglich. Erst in der Gemeinschaft [mit Andern hat jedes] Individuum die Mittel, seine Anlagen nach allen Seiten hin auszubilden; erst in der Gemeinschaft wird also die persönliche Freiheit möglich.

Marx/Engels, Die deutsche Ideologie, MEW 3, 74

[Die den Menschen umgebende sinnliche Welt ist] nicht ein unmittelbar von Ewigkeit her gegebenes, sich stets gleiches Ding [...], sondern das Produkt der Industrie und des Gesellschaftszustandes, und zwar in dem Sinne, daß sie ein geschichtliches Produkt ist, das Resultat der Tätigkeit einer ganzen Reihe von Generationen, deren Jede auf den Schultern der vorhergehenden stand.

Marx/Engels, Die deutsche Ideologie, MEW 3, 43

Keines der sogenannten Menschenrechte geht [...] über den egoistischen Menschen hinaus, über den Menschen, wie er Mitglied der bürgerlichen Gesellschaft, nämlich auf sich, auf sein Privatinteresse und seine Privatwillkür zurückgezogenes und vom Gemeinwesen abgesondertes Individuum ist. Weit entfernt, daß der Mensch in ihnen als Gattungswesen aufgefaßt wurde, erscheint vielmehr das Gattungsleben selbst, die Gesellschaft, als ein den Individuen äußerlicher Rahmen, als Beschränkung ihrer ursprünglichen Selbständigkeit. Das einzige Band, das sie zusammenhält, ist die Naturnotwendigkeit, das Bedürfnis und das Privatinteresse, die Konservation ihres Eigentums und ihrer egoistischen Person.

Zur Judenfrage, MEW 1, 366

Jede neue Klasse nämlich, die sich an die Stelle einer vor ihr herrschenden setzt, ist genötigt, schon um ihren Zweck durchzuführen, ihr Interesse als das gemeinschaftliche Interesse aller Mitglieder der

Gesellschaft darzustellen, d.h. ideell ausgedrückt: ihren Gedanken die Form der Allgemeinheit zu geben, sie als die einzig vernünftigen, allgemein gültigen darzustellen. Die revolutionierende Klasse tritt von vornherein, schon weil sie einer Klasse gegenübersteht, nicht als Klasse, sondern als Vertreterin der ganzen Gesellschaft auf, sie erscheint als die ganze Masse der Gesellschaft gegenüber der einzigen, herrschenden Klasse. Sie kann dies, weil im Anfange ihr Interesse wirklich noch mehr mit dem gemeinschaftlichen Interesse aller übrigen nichtherrschenden Klassen zusammenhängt, sich unter dem Druck der bisherigen Verhältnisse noch nicht als besonderes Interesse einer besonderen Klasse entwickeln konnte.

Marx/Engels, Die deutsche Ideologie, MEW 3, 47 f.

Die Bourgeoisie hat alle bisher ehrwürdigen und mit frommer Scheu betrachteten Tätigkeiten ihres Heiligenscheins entkleidet. Sie hat den Arzt, den Juristen, den Pfaffen, den Poeten, den Mann der Wissenschaft in ihre bezahlten Lohnarbeiter verwandelt. Die Bourgeoisie hat dem Familienverhältnis seinen rührend-sentimentalen Schleier abgerissen und es auf ein reines Geldverhältnis zurückgeführt.

Marx/Engels, Manifest der Kommunistischen Partei, MEW 4, 465

Das Reich der Freiheit beginnt in der Tat erst da, wo das Arbeiten, das durch Not und äußere Zweckmäßigkeit bestimmt ist, aufhört; es liegt also der Natur der Sache nach jenseits der Sphäre der eigentlichen materiellen Produktion. Wie der Wilde mit der Natur ringen muß, um seine Bedürfnisse zu befriedigen, um sein Leben zu erhalten und zu reproduzieren, so muß es der Zivilisierte, und er muß es in allen Gesellschaftsformen und unter allen möglichen Produktionsweisen. Mit seiner Entwicklung erweitert sich dies Reich der Naturnotwendigkeit, weil die Bedürfnisse; aber zugleich erweitern sich die Produktivkräfte, die diese befriedigen. Die Freiheit in diesem Gebiet kann nur darin bestehn, daß der vergesellschaftete Mensch, die assoziierten Produzenten, diesen ihren Stoffwechsel mit der Natur rationell regeln, unter ihre gemeinschaftliche Kontrolle bringen, statt von ihm als von einer blinden Macht beherrscht zu werden; ihn mit dem geringsten Kraftaufwand und unter den, ihrer menschlichen Natur würdigsten und adäquatesten Bedingungen vollziehn. Aber es bleibt dies immer ein Reich der Notwendigkeit. Jenseits desselben beginnt die menschliche Kraftentwicklung, die sich als Selbstzweck gilt, das wahre Reich der Freiheit, das aber nur auf jenem Reich der Notwendigkeit als seiner Basis aufblühn kann. Die Verkürzung des Arbeitstags ist die Grundbedingung.

Das Kapital, MEW 25, 828

Eine unterdrückte Klasse ist die Lebensbedingung jeder auf den Klassengegensatz begründeten Gesellschaft. Die Befreiung der unterdrückten Klasse schließt also notwendigerweise die Schaffung einer neuen Gesellschaft ein. Soll die unterdrückte Klasse sich befreien können, so muß eine Stufe erreicht sein, auf der die bereits erworbenen Produktivkräfte und die geltenden gesellschaftlichen Einrichtungen nicht mehr nebeneinander bestehen können. Von allen Produktionsinstrumenten ist die größte Produktivkraft die revolutionäre Klasse selbst.

Das Elend der Philosophie, MEW 4, 181

»EIN ALP AUF DEM GEHIRNE DER LEBENDEN«

Geschichte und Zukunft

Die Menschen machen ihre eigene Geschichte, aber sie machen sie nicht aus freien Stücken, nicht unter selbstgewählten, sondern unter unmittelbar vorgefundenen, gegebenen und überlieferten Umständen.

Der achtzehnte Brumaire des Louis Bonaparte, MEW 8, 115

Wir kennen nur eine einzige Wissenschaft, die Wissenschaft der Geschichte. Die Geschichte kann von zwei Seiten aus betrachtet, in die Geschichte der Natur und die Geschichte der Menschen abgeteilt werden. Beide Seiten sind indes nicht zu trennen; solange Menschen existieren, bedingen sich Geschichte der Natur und Geschichte der Menschen gegenseitig.

Marx/Engels, Die deutsche Ideologie, MEW 3, 18

Die Geschichte aller bisherigen Gesellschaft ist die Geschichte von Klassenkämpfen. Freier und Sklave, Patrizier und Plebejer, Baron und Leibeigener, Zunftbürger und Gesell, kurz, Unterdrücker und Unterdrückte standen in stetem Gegensatz zueinander, führten einen ununterbrochenen, bald versteckten, bald offenen Kampf, einen Kampf, der jedesmal mit einer revolutionären Umgestaltung der ganzen Gesellschaft endete oder mit dem gemeinsamen Untergang der kämpfenden Klassen.

Marx/Engels, Manifest der Kommunistischen Partei, MEW 4, 462

Die Geschichte tut nichts, sie »besitzt keinen ungeheuren Reichtum«, sie »kämpft keine Kämpfe«! Es ist vielmehr der Mensch, der wirkliche, lebendige Mensch, der das alles tut, besitzt und kämpft; es ist nicht etwa die »Geschichte«, die den Menschen zum Mittel braucht, um ihre – als ob sie eine aparte Person wäre – Zwecke durchzuarbeiten, sondern sie ist nichts als die Tätigkeit des seine Zwecke verfolgenden Menschen.

Marx/Engels, Die heilige Familie, MEW 2, 98

Hegel bemerkt irgendwo, daß alle großen weltgeschichtlichen Tatsachen und Personen sich sozusagen zweimal ereignen. Er hat vergessen hinzuzufügen: das eine Mal als Tragödie, das andere Mal als Farce.

Der achtzehnte Brumaire des Louis Bonaparte, MEW 8, 115

In Zeiten endlich, wo der Klassenkampf sich der Entscheidung nähert, nimmt der Auflösungsprozeß innerhalb der herrschenden Klasse, innerhalb der ganzen alten Gesellschaft, einen so heftigen, so grellen Charakter an, daß ein kleiner Teil der herrschenden Klasse sich von ihr lossagt und sich der revolutionären Klasse anschließt, der Klasse, welche die Zukunft in ihren Händen trägt. Wie daher früher ein Teil des Adels zur Bourgeoisie überging, so geht jetzt ein Teil der Bourgeoisie zum Proletariat über, und namentlich ein Teil dieser Bourgeoisideologen, welche zum theoretischen Verständnis der ganzen geschichtlichen Bewegung sich hinaufgearbeitet haben.

Marx/Engels, Manifest der Kommunistischen Partei, MEW 4, 471 f.

[Die Menschen sind] in einem Verfasser und Schausteller ihres eigenen Dramas.

Das Elend der Philosophie, MEW 4, 135

Die Weltgeschichte wäre allerdings sehr bequem zu machen, wenn der Kampf nur unter der Bedingung unfehlbar günstiger Chancen aufgenommen würde. Sie wäre andrerseits sehr mystischer Natur, wenn ›Zufälligkeiten‹ keine Rolle spielten. Diese Zufälligkeiten fallen natürlich selbst in den allgemeinen

Gang der Entwicklung und werden durch andre Zufälligkeiten wieder kompensiert. Aber Beschleunigung und Verzögrung sind sehr von solchen Zufälligkeiten abhängig.

An L. Kugelmann, 1871, MEW 33, 209

Man braucht nicht hinzuzufügen, daß die Menschen ihre Produktivkräfte – die Basis ihrer ganzen Geschichte – nicht frei wählen; denn jede Produktivkraft ist eine erworbene Kraft, das Produkt früherer Tätigkeit. Die Produktivkräfte sind also das Resultat der angewandten Energie der Menschen, doch diese Energie selbst ist begrenzt durch die Umstände, in welche die Menschen sich versetzt finden, durch die bereits erworbenen Produktivkräfte, durch die Gesellschaftsform, die vor ihnen da ist, die sie nicht schaffen, die das Produkt der vorhergehenden Generation ist. Dank der einfachen Tatsache, daß jede neue Generation die von der alten Generation erworbenen Produktivkräfte vorfindet, die ihr als Rohmaterial für neue Produktion dienen, entsteht ein Zusammenhang in der Geschichte der Menschen, [...] die um so mehr Geschichte der Menschheit ist, je mehr die Produktivkräfte der Menschen und infolgedessen ihre gesellschaftlichen Beziehungen wachsen.

An P. W. Annenkow, 1846, MEW 4, 548

Die Notwendigkeit, eine Naturkraft gesellschaftlich zu kontrollieren, damit hauszuhalten, sie durch Werke von Menschenhand auf großem Maßstab erst anzueignen oder zu zähmen, spielt die entscheidendste Rolle in der Geschichte der Industrie. So z. B. die Wasserreglung in Ägypten, Lombardei, Holland usw. Oder in Indien, Persien usw., wo die Überrieslung durch künstliche Kanäle dem Boden nicht nur das unentbehrliche Wasser, sondern mit dessen Geschlämme zugleich den Mineraldünger von den Bergen zuführt. Das Geheimnis der Industrieblüte von Spanien und Sizilien unter arabischer Herrschaft war die Kanalisation.

Das Kapital, MEW 23, 537

In der Sphäre der Agrikultur wirkt die große Industrie insofern am revolutionärsten, als sie das Bollwerk der alten Gesellschaft vernichtet, den »Bauer«, und ihm den Lohnarbeiter unterschiebt. Die sozialen Umwälzungsbedürfnisse und Gegensätze des Landes werden so mit denen der Stadt ausgeglichen. An die Stelle des gewohnheitsfaulsten und irrationellsten Betriebs tritt bewußte, technologische Anwendung der Wissenschaft.

Das Kapital, MEW 23, 528

Das Parzelleneigentum schließt seiner Natur nach aus: Entwicklung der gesellschaftlichen Produktivkräfte der Arbeit, gesellschaftliche Formen der Arbeit, gesellschaftliche Konzentration der Kapitale, Viehzucht auf großem Maßstab, progressive Anwendung der Wissenschaft.

Das Kapital, MEW 25, 815

[...] wie in der Tat jede besondre historische Produktionsweise ihre besondren, historisch gültigen Populationsgesetze hat. Ein abstraktes Populationsgesetz existiert nur für Pflanze und Tier, soweit der Mensch nicht geschichtlich eingreift.

Das Kapital, MEW 23, 660

Die Handmühle ergibt eine Gesellschaft mit Feudalherren, die Dampfmühle eine Gesellschaft mit industriellen Kapitalisten.

Das Elend der Philosophie, MEW 4, 130

[Die bürgerliche Gesellschaft ist] die entwickeltste und mannigfaltigste historische Organisation der Produktion [...]. Das Verständnis ihrer Gliederung [gewährt daher Einsicht] in die Gliederung und die Produktionsverhältnisse aller der untergegangenen Gesellschaftsformen, mit deren Trümmern und

Elementen sie sich aufgebaut, von denen teils noch unüberwundne Reste sich in ihr fortschleppen, bloße Andeutungen sich zu ausgebildeten Bedeutungen entwickelt haben.

Einleitung zu den Grundrissen der Kritik der politischen Ökonomie, MEW 42, 39

Die theoretischen Kommunisten, die einzigen, welche Zeit haben, sich mit der Geschichte zu beschäftigen, unterscheiden sich gerade dadurch, daß sie allein die Schöpfung des »allgemeinen Interesses« durch die als »Privatmenschen« bestimmten Individuen in der ganzen Geschichte *entdeckt* haben. Sie wissen, daß dieser Gegensatz nur *scheinbar* ist, weil die eine Seite, das sogenannte »Allgemeine«, von der andern, dem Privatinteresse, fortwährend erzeugt wird und keineswegs ihm gegenüber eine selbständige Macht mit einer selbständigen Geschichte ist, daß also dieser Gegensatz fortwährend praktisch vernichtet und erzeugt wird.

Marx/Engels, Die deutsche Ideologie, MEW 3, 229

Die Philosophie des Genusses kam auf in der neueren Zeit mit dem Untergange der Feudalität und der Umwandlung des feudalen Landadels in den lebenslustigen und verschwenderischen Hofadel unter der absoluten Monarchie. [...] Als die weitere Entwicklung den Adel gestürzt und die Bourgeoisie mit ihrem Gegensatz, dem Proletariat, in Konflikt gebracht hatte, wurde der Adel devot-religiös und die Bourgeoisie feierlich-moralisch und streng in ihren Theorien, oder verfiel in die oben angedeutete Heuchelei, obwohl der Adel in der Praxis keineswegs aufs Genießen verzichtete und der Genuß bei der Bourgeoisie sogar eine offizielle ökonomische Form annahm – als Luxus.

Marx/Engels, Die deutsche Ideologie, MEW 3, 402 f.

Der Adel selbst war wesentlich verbürgerlicht. Statt in Treue, Liebe und Glauben machte er nun vor allem in Runkelrüben, Schnaps und Wolle. Sein Hauptturnier war der Wollmarkt geworden.

Die Bourgeoisie und die Kontrerevolution, MEW 6, 104

Die Revolutionen von 1648 und 1789 waren keine englischen und französischen Revolutionen, sie waren Revolutionen europäischen Stils. Sie waren nicht der Sieg einer bestimmten Klasse der Gesellschaft über die alte politische Ordnung; sie waren die Proklamation der politischen Ordnung für die neue europäische Gesellschaft.

Die Bourgeoisie und die Kontrerevolution, MEW 6, 107 f.

Die soziale Revolution des neunzehnten Jahrhunderts kann ihre Poesie nicht aus der Vergangenheit schöpfen, sondern nur aus der Zukunft. Sie kann nicht mit sich selbst beginnen, bevor sie allen Aberglauben an die Vergangenheit abgestreift hat. Die früheren Revolutionen bedurften der weltgeschichtlichen Rückerinnerungen, um sich über ihren eigenen Inhalt zu betäuben. Die Revolution des neunzehnten Jahrhunderts muß die Toten ihre Toten begraben lassen, um bei ihrem eignen Inhalt anzukommen. Dort ging die Phrase über den Inhalt, hier geht der Inhalt über die Phrase hinaus.

Der achtzehnte Brumaire des Louis Bonaparte, MEW 8, 117

Eine Gesellschaftsformation geht nie unter, bevor alle Produktivkräfte entwickelt sind, für die sie weit genug ist, und neue höhere Produktionsverhältnisse treten nie an die Stelle, bevor die materiellen Existenzbedingungen derselben im Schoß der alten Gesellschaft selbst ausgebrütet worden sind.

Zur Kritik der Politischen Ökonomie, MEW 13, 9

Die bürgerlichen Produktionsverhältnisse sind die letzte antagonistische Form des gesellschaftlichen Produktionsprozesses, antagonistisch nicht im Sinn von individuellem Antagonismus, sondern eines aus den gesellschaftlichen Lebensbedingungen der Individuen hervorwachsenden Antagonismus, aber die im Schoß der bürgerlichen Gesellschaft sich entwickelnden Produktivkräfte schaffen zugleich die materiellen Bedingungen zur Lösung dieses Antagonismus. Mit dieser Gesellschaftsformation schließt daher die Vorgeschichte der menschlichen Gesellschaft ab.

Zur Kritik der Politischen Ökonomie, MEW 13, 9

Die Tradition aller toten Geschlechter lastet wie ein Alp auf dem Gehirne der Lebenden. Und wenn sie eben damit beschäftigt scheinen, sich und die Dinge umzuwälzen, noch nicht Dagewesenes zu schaffen, gerade in solchen Epochen revolutionärer Krise beschwören sie ängstlich die Geister der Vergangenheit zu ihrem Dienste herauf, entlehnen ihnen Namen, Schlachtparole, Kostüm, um in dieser altehrwürdigen Verkleidung und mit dieser erborgten Sprache die neue Weltgeschichtsszene aufzuführen.

Der achtzehnte Brumaire des Louis Bonaparte, MEW 8, 115

Die Moral ist die »in Aktion gesetzte Machtlosigkeit«. So oft sie ein Laster bekämpft, unterliegt sie.

Marx/Engels, Die heilige Familie, MEW 2, 213

Aber der Demokrat, weil er das Kleinbürgertum vertritt, also eine *Übergangsklasse,* worin die Interessen zweier Klassen sich zugleich abstumpfen, dünkt sich über den Klassengegensatz überhaupt erhaben.

Der achtzehnte Brumaire des Louis Bonaparte, MEW 8, 144

Der Witz besteht nicht darin, daß, indem jeder sein Privatinteresse verfolgt, die Gesamtheit der Privatinteressen, also das allgemeine Interesse erreicht wird. Vielmehr könnte aus dieser abstrakten Phrase genau so gut gefolgert werden, daß jeder wechselseitig die Geltendmachung des Interesses der anderen hemmt, und statt einer allgemeinen positiven Wirkung, vielmehr eine allgemeine Vernichtung aus diesem Krieg aller gegen alle resultiert. Die Pointe liegt vielmehr darin, daß das Privatinteresse selbst schon ein gesellschaftlich bestimmtes Interesse ist und nur innerhalb der von der Gesellschaft gesetzten Bedingungen und mit den von ihr gegebenen Mitteln erreicht werden kann; also an die Reproduktion dieser Bedingungen und Mittel gebunden ist.

Grundrisse der Kritik der politischen Ökonomie, MEW 42, 90

Die aus dem Untergang der feudalen Gesellschaft hervorgegangene moderne bürgerliche Gesellschaft hat die Klassengegensätze nicht aufgehoben. Sie hat nur neue Klassen, neue Bedingungen der Unterdrückung, neue Gestaltungen des Kampfes an die Stelle der alten gesetzt. Unsere Epoche, die Epoche der Bourgeoisie, zeichnet sich jedoch dadurch aus, daß sie die Klassengegensätze vereinfacht hat. Die ganze Gesellschaft spaltet sich mehr und mehr in zwei große feindliche Lager, in zwei große, einander direkt gegenüberstehende Klassen: Bourgeoisie und Proletariat.

Marx/Engels, Manifest der Kommunistischen Partei, MEW 4, 463

Die Mittelstände, der kleine Industrielle, der kleine Kaufmann, der Handwerker, der Bauer, sie alle bekämpfen die Bourgeoisie, um ihre Existenz als Mittelstände vor dem Untergang zu sichern. Sie sind also nicht revolutionär, sondern konservativ. Noch mehr, sie sind reaktionär, sie suchen das Rad der Geschichte zurückzudrehen. Sind sie revolutionär, so sind sie es im Hinblick auf den ihnen bevorstehenden Übergang ins Proletariat, so verteidigen sie nicht ihre gegenwärtigen, sondern ihre zukünftigen Interessen.

Marx/Engels, Manifest der Kommunistischen Partei, MEW 4, 472

Je mehr eine herrschende Klasse fähig ist, die bedeutendsten Männer der beherrschten Klassen in sich aufzunehmen, desto solider und gefährlicher ist ihre Herrschaft.

Das Kapital, MEW 25, 614

Ihr entsetzt euch darüber, daß wir das Privateigentum aufheben wollen. Aber in eurer bestehenden Gesellschaft ist das Privateigentum für neun Zehntel ihrer Mitglieder aufgehoben; es existiert gerade dadurch, daß es für neun Zehntel nicht existiert. Ihr werft uns also vor, daß wir ein Eigentum aufheben wollen, welches die Eigentumslosigkeit der ungeheuren Mehrzahl der Gesellschaft als notwendige Bedingung voraussetzt.

Marx/Engels, Manifest der Kommunistischen Partei, MEW 4, 477

Die kommunistische Revolution ist das radikalste Brechen mit den überlieferten Eigentumsverhältnissen; kein Wunder, daß in ihrem Entwicklungsgange am radikalsten mit den überlieferten Ideen gebrochen wird.

Marx/Engels, Manifest der Kommunistischen Partei, MEW 4, 481

Die letzte Phase einer weltgeschichtlichen Gestalt ist ihre *Komödie*. Die Götter Griechenlands, die schon einmal tragisch zu Tode verwundet waren im gefesselten Prometheus des Äschylus, mußten noch einmal komisch sterben in den Gesprächen Lucians. Warum dieser Gang der Geschichte? Damit die Menschheit *heiter* von ihrer Vergangenheit scheide.

Zur Kritik der Hegelschen Rechtsphilosophie MEW 1, 382

Die tiefe Heuchelei der bürgerlichen Zivilisation und die von ihr nicht zu trennende Barbarei liegen unverschleiert vor unseren Augen, sobald wir den Blick von ihrer Heimat, in der sie unter respektablen Formen auftreten, nach den Kolonien wenden, wo sie sich in ihrer ganzen Nacktheit zeigen.

Die künftigen Ergebnisse der britischen Herrschaft in Indien, MEW 9, 225

Jeder verfolgt sein Privatinteresse und nur sein Privatinteresse; und dient dadurch, ohne es zu wollen und zu wissen, den Privatinteressen aller, den allgemeinen Interessen.

Grundrisse der Kritik der politischen Ökonomie, MEW 42, 90

Die wesentliche Bedingung für die Existenz und für die Herrschaft der Bourgeoisklasse ist die Anhäufung des Reichtums in den Händen von Privaten, die Bildung und Vermehrung des Kapitals; die Bedingung des Kapitals ist die Lohnarbeit. Die Lohnarbeit beruht ausschließlich auf der Konkurrenz der Arbeiter unter sich. Der Fortschritt der Industrie, dessen willenloser und widerstandsloser Träger die Bourgeoisie ist, setzt an die Stelle der Isolierung der Arbeiter durch die Konkurrenz ihre revolutionäre Vereinigung durch die Assoziation. Mit der Entwicklung der großen Industrie wird also unter den Füßen der Bourgeoisie die Grundlage selbst hinweggezogen, worauf sie produziert und die Produkte sich aneignet. Sie produziert vor allem ihren eigenen Totengräber. Ihr Untergang und der Sieg des Proletariats sind gleich unvermeidlich.

Marx/Engels, Manifest der Kommunistischen Partei, MEW 4, 473

In der Vorstellung sind [...] die Individuen unter der Bourgeoisieherrschaft freier als früher, weil ihnen ihre Lebensbedingungen zufällig sind; in der Wirklichkeit sind sie natürlich unfreier, weil mehr unter sachliche Gewalt subsumiert.

Marx/Engels, Die deutsche Ideologie, MEW 3, 76

Die Gedanken der herrschenden Klasse sind in jeder Epoche die herrschenden Gedanken, d.h. die Klasse, welche die herrschende *materielle* Macht der Gesellschaft ist, ist zugleich ihre herrschende *geistige* Macht.

Marx/Engels, Die deutsche Ideologie, MEW 3, 46

»VOM KOPF AUF DIE FÜSSE«

Philosophie und Religion

Es ist die alte Illusion, daß es nur vom guten Willen der Leute abhängt, die bestehenden Verhältnisse zu ändern, und daß die bestehenden Verhältnisse Ideen sind. Die Veränderung des Bewußtseins, abgetrennt von den Verhältnissen, wie sie von den Philosophen als Beruf, d. h. als Geschäft, betrieben wird, ist selbst ein Produkt der bestehenden Verhältnisse und gehört mit zu ihnen. Diese ideelle Erhebung über die Welt ist der ideologische Ausdruck der Ohnmacht der Philosophen gegenüber der Welt. Ihre ideologischen Prahlereien werden jeden Tag durch die Praxis Lügen gestraft.

Marx/Engels, Die deutsche Ideologie, MEW 3, 363

Die Aufhebung der Religion als des *illusorischen* Glücks des Volkes ist die Forderung seines *wirklichen* Glücks. Die Forderung, die Illusionen über seinen Zustand aufzugeben, ist die *Forderung, einen Zustand aufzugeben, der der Illusionen bedarf.*

Zur Kritik der Hegelschen Rechtsphilosophie MEW 1, 379

Der Mensch macht die Religion, die Religion macht nicht den Menschen. Und zwar ist die Religion das Selbstbewußtsein und das Selbstgefühl des Menschen, der sich selbst entweder noch nicht erworben oder schon wieder verloren hat.

Zur Kritik der Hegelschen Rechtsphilosophie, MEW 1, 378

Die Kritik der Religion endet mit der Lehre, daß der *Mensch das höchste Wesen für den Menschen* sei, also mit dem *kategorischen Imperativ, alle Verhältnisse umzuwerfen,* in denen der Mensch ein erniedrigtes, ein geknechtetes, ein verlassenes, ein verächtliches Wesen sei.

Zur Kritik der Hegelschen Rechtsphilosophie, MEW 1, 385

Die Philosophen wachsen nicht wie Pilze aus der Erde, sie sind die Früchte ihrer Zeit, ihres Volkes, dessen subtilste, kostbarste und unsichtbarste Säfte in den philosophischen Ideen roulieren. Derselbe Geist baut die philosophischen Systeme in dem Hirn der Philosophen, der die Eisenbahnen mit den Händen der Gewerke baut. Die Philosophie steht nicht außer der Welt, so wenig das Gehirn außer dem Menschen steht, weil es nicht im Magen liegt; aber freilich die Philosophie steht früher mit dem Hirn in der Welt, ehe sie mit den Füßen sich auf den Boden stellt, während manche andere menschliche Sphären längst mit den Füßen in der Erde wurzeln und mit den Händen die Früchte der Welt abpflücken, ehe sie ahnen, daß auch der »Kopf« von dieser Welt oder diese Welt die Welt des Kopfes sei.

»Rheinische Zeitung« Nr. 195 vom 14. Juli 1842, MEW 1, 97

Man muß diese versteinerten Verhältnisse dadurch zum Tanzen zwingen, daß man ihnen ihre eigne Melodie vorsingt!

Zur Kritik der Hegelschen Rechtsphilosophie MEW 1, 381

Der Name einer Sache ist ihrer Natur ganz äußerlich. Ich weiß nichts vom Menschen, wenn ich weiß, daß ein Mensch Jacobus heißt. Ebenso verschwindet in den Geldnamen Pfund, Taler, Franc, Dukat usw. jede Spur des Wertverhältnisses.

Das Kapital, MEW 23, 115

Die Forschung hat den Stoff sich im Detail anzueignen, seine verschiednen Entwicklungsformen zu analysieren und deren innres Band aufzuspüren. Erst nachdem diese Arbeit vollbracht, kann die wirkliche Bewegung entsprechend dargestellt werden.

Das Kapital, MEW 23, 27

Alle Wissenschaft wäre überflüssig, wenn die Erscheinungsform und das Wesen der Dinge unmittelbar zusammenfielen.

Das Kapital, MEW 25, 825

Für die Philosophen ist es eine der schwierigsten Aufgaben, aus der Welt des Gedankens in die wirkliche Welt herabzusteigen. Die unmittelbare Wirklichkeit des Gedankens ist die *Sprache.* Wie die Philosophen das Denken verselbständigt haben, so mußten sie die Sprache zu einem eignen Reich verselbständigen. Dies ist das Geheimnis der philosophischen Sprache, worin die Gedanken als Worte einen eignen Inhalt haben. Das Problem, aus der Welt der Gedanken in die wirkliche Welt herabzusteigen, verwandelt sich in das Problem, aus der Sprache ins Leben herabzusteigen.

Marx/Engels, Die deutsche Ideologie, MEW 3, 432

Bei der Analyse der ökonomischen Formen kann [...] weder das Mikroskop dienen noch chemische Reagentien. Die Abstraktionskraft muß beide ersetzen.

Das Kapital, MEW 23, 12

[Die Dialektik steht bei Hegel] auf dem Kopf. Man muß sie umstülpen, um den rationellen Kern in der mystischen Hülle zu entdecken.

Das Kapital, MEW 23, 27

Meine dialektische Methode ist der Grundlage nach von der Hegelschen nicht nur verschieden, sondern ihr direktes Gegenteil. Für Hegel ist der Denkprozeß, den er sogar unter dem Namen Idee in ein selbständiges Subjekt verwandelt, der Demiurg des Wirklichen, das nur seine äußere Erscheinung bildet. Bei mir ist umgekehrt das Ideelle nichts andres als das im Menschenkopf umgesetzte und übersetzte Materielle.

Das Kapital, MEW 23, 27

Hegel geriet [...] auf die Illusion, das Reale als Resultat des [...] aus sich selbst sich bewegenden Denkens zu fassen, während die Methode, vom Abstrakten zum Konkreten aufzusteigen, nur die Art für das Denken ist, sich das Konkrete anzueignen, es als ein geistig Konkretes zu reproduzieren. Keineswegs aber der Entstehungsprozeß des Konkreten selbst.

Grundrisse der Kritik der politischen Ökonomie, MEW 42, 35

In Hegels Geschichtsphilosophie, wie in seiner Naturphilosophie, gebiert der Sohn die Mutter, der Geist die Natur, die christliche Religion das Heidentum, das Resultat den Anfang.

Marx/Engels, Die heilige Familie, MEW 2, 178

Das Konkrete ist konkret, weil es die Zusammenfassung vieler Bestimmungen ist, also Einheit des Mannigfaltigen.

Grundrisse der Kritik der politischen Ökonomie, MEW 42, 35

Das Ganze, wie es im Kopfe als Gedankenganzes erscheint, ist ein Produkt des denkenden Kopfes, der sich die Welt in der ihm einzig möglichen Weise aneignet, einer Weise, die verschieden ist von der künstlerischen, religiösen, praktisch-geistigen Aneignung dieser Welt.

Grundrisse der Kritik der politischen Ökonomie, MEW 42, 36

[Die Dialektik in ihrer rationellen Gestalt ist] dem Bürgertum und seinen doktrinären Wortführern ein Ärgernis und ein Greuel, weil sie in dem positiven Verständnis des Bestehenden zugleich auch das Verständnis seiner Negation, seines notwendigen Untergangs einschließt, jede gewordne Form im Flusse der Bewegung, also auch nach ihrer vergänglichen Seite auffaßt, sich durch nichts imponieren läßt, ihrem Wesen nach kritisch und revolutionär ist.

Das Kapital, MEW 23, 27 f.

Die Philosophen haben die Welt nur verschieden *interpretiert*, es kömmt drauf an, sie zu *verändern.*

Thesen über Feuerbach, MEW 3, 7

Es handelte sich jetzt [nach Zenitüberschreiten des Kapitals in Wissenschaft und klassischer Ökonomie] nicht mehr darum, ob dieses oder jenes Theorem wahr sei, sondern ob es dem Kapital nützlich oder schädlich, bequem oder unbequem, ob polizeiwidrig oder nicht. An die Stelle uneigennütziger Forschung trat bezahlte Klopffechterei, an die Stelle unbefangener wissenschaftlicher Untersuchung das böse Gewissen und die schlechte Absicht der Apologetik.

Das Kapital, MEW 23, 21

Die Philosophie des Genusses war nie etwas andres als die geistreiche Sprache gewisser zum Genuß privilegierter gesellschaftlicher Kreise. Abgesehen davon, daß die Weise und der Inhalt ihres Genießens stets durch die ganze Gestalt der übrigen

Gesellschaft bedingt war und an allen ihren Widersprüchen litt, wurde diese Philosophie zur reinen *Phrase*, sobald sie einen allgemeinen Charakter in Anspruch nahm und sich als die Lebensanschauung der Gesellschaft im Ganzen proklamierte. Sie sank hier herab zur erbaulichen Moralpredigt, zur sophistischen Beschönigung der vorhandenen Gesellschaft, oder sie schlug in ihr Gegenteil um, indem sie eine unfreiwillige Askese für Genuß erklärte.

Marx/Engels, Die deutsche Ideologie, MEW 3, 402

Das *religiöse* Elend ist in einem der Ausdruck des wirklichen Elendes und in einem die *Protestation* gegen das wirkliche Elend. Die Religion ist der Seufzer der bedrängten Kreatur, das Gemüt einer herzlosen Welt, wie sie der Geist geistloser Zustände ist. Sie ist das *Opium* des Volks.

Zur Kritik der Hegelschen Rechtsphilosophie, MEW 1, 378

Diese Forderung, das Bewußtsein zu verändern, läuft auf die Forderung hinaus, das Bestehende anders zu interpretieren, d. h. es vermittelst einer anderen Interpretation anzuerkennen.

Marx/Engels, Die deutsche Ideologie, MEW 3, 20

Die sog. historische Entwicklung beruht überhaupt darauf, daß die letzte Form die vergangnen als Stufen zu sich selbst betrachtet, und, da sie selten und nur unter ganz bestimmten Bedingungen fähig ist, sich selbst zu kritisieren [...], sie immer einseitig auffaßt.

Einleitung zu den Grundrissen der Kritik der politischen Ökonomie, MEW 42, 40

Die Menschen haben sich bisher stets falsche Vorstellungen über sich selbst gemacht, von dem, was sie sind oder sein sollen. Nach ihren Vorstellungen von Gott, von dem Normalmenschen usw. haben sie ihre Verhältnisse eingerichtet. Die Ausgeburten ihres Kopfes sind ihnen über den Kopf gewachsen. Vor ihren Geschöpfen haben sie, die Schöpfer, sich gebeugt. Befreien wir sie von den Hirngespinsten, den Ideen, den Dogmen, den eingebildeten Wesen, unter deren Joch sie verkümmern. Rebellieren wir gegen diese Herrschaft der Gedanken.

Marx/Engels, Die deutsche Ideologie, MEW 3, 13

Die Philosophie kann sich nicht verwirklichen ohne die Aufhebung des Proletariats, das Proletariat kann sich nicht aufheben ohne die Verwirklichung der Philosophie.

Zur Kritik der Hegelschen Rechtsphilosophie MEW 1, 391

Es ist also die *Aufgabe der Geschichte*, nachdem das *Jenseits der Wahrheit* verschwunden ist, die *Wahrheit des Diesseits* zu etablieren. Es ist zunächst die *Aufgabe der Philosophie*, die im Dienste der Geschichte steht, nachdem die *Heiligengestalt* der menschlichen Selbstentfremdung entlarvt ist, die Selbstentfremdung in ihren *unheiligen Gestalten* zu entlarven. Die Kritik des Himmels verwandelt sich damit in die Kritik der Erde, die *Kritik der Religion* in die *Kritik des Rechts*, die *Kritik der Theologie* in die *Kritik der Politik.*

Zur Kritik der Hegelschen Rechtsphilosophie, MEW 1, 379

In der Religion machen die Menschen ihre empirische Welt zu einem nur gedachten, vorgestellten Wesen, das ihnen fremd gegenübertritt.

Marx/Engels, Die deutsche Ideologie, MEW 3, 143

Da, wo die Spekulation aufhört, beim wirklichen Leben, beginnt also die wirkliche, positive Wissenschaft, die Darstellung der praktischen Betätigung, des praktischen Entwicklungsprozesses der Menschen. Die Phrasen vom Bewußtsein hören auf, wirkliches Wissen muß an ihre Stelle treten.

Marx/Engels, Die deutsche Ideologie, MEW 3, 27

Der *reale Humanismus* hat in Deutschland keinen gefährlicheren Feind als den *Spiritualismus* oder den *spekulativen Idealismus*, der an die Stelle des *wirklichen individuellen Menschen* das *»Selbstbewußtsein«* oder den *»Geist«* setzt und mit dem Evangelisten lehrt: »Der Geist ist es, der da lebendig macht, das Fleisch ist kein Nütze.« Es versteht sich, daß dieser fleischlose Geist nur in seiner Einbildung Geist hat.

Marx/Engels, Die heilige Familie, MEW 2, 7

Alles gesellschaftliche Leben ist wesentlich *praktisch.* Alle Mysterien, welche die Theorie zum Mystizism[us] veranlassen, finden ihre rationelle Lösung in der menschlichen Praxis und in dem Begreifen dieser Praxis.

Thesen über Feuerbach, MEW 3, 7

Ideen können nie über einen alten Weltzustand, sondern immer nur über die Ideen des alten Weltzustandes hinausführen. Ideen können überhaupt nichts *ausführen.* Zum Ausführen der Ideen bedarf es der Menschen, welche eine praktische Gewalt aufbieten.

Marx/Engels, Die heilige Familie, MEW 2, 126

Die herrschenden Ideen einer Zeit waren stets nur die Ideen der herrschenden Klasse.

Marx/Engels, Manifest der Kommunistischen Partei, MEW 4, 459

Wie die medizinischen Wundermänner und Wunderkuren auf der Unbekanntschaft mit den Gesetzen der natürlichen, so fußen die sozialen Wundermänner und Wunderkuren auf der Unbekanntschaft mit den Gesetzen der sozialen Welt.

Marx/Engels, Die deutsche Ideologie, MEW 3, 523

Die deutschen Philosophen sind gewohnt, das Altertum als die Epoche des Realismus der christlichen und neueren Zeit als der Epoche des Idealismus entgegenzustellen, während die französischen und englischen Ökonomen, Geschichts- und Naturforscher gewohnt sind, das Altertum als die Periode des Idealismus gegenüber dem Materialismus und Empirismus der neueren Zeit aufzufassen. Ebenso kann man das Altertum insofern als idealistisch fassen, als die Alten in der Geschichte den »citoyen« repräsentieren, den idealistischen Politiker, während die Neuen zuletzt auf den »bourgeois«, den realistischen ami du commerce [Freund des Handels], hinauslaufen – oder auch wieder realistisch, weil bei ihnen das Gemeinwesen »eine Wahrheit« war, während es bei den Neuen eine idealistische »Lüge« ist. So wenig kommt bei allen diesen abstrakten Gegensätzen und Geschichtskonstruktionen heraus.

Marx/Engels, Die deutsche Ideologie, MEW 3, 127

Deutschlands *revolutionäre* Vergangenheit ist nämlich theoretisch, es ist die Reformation. Wie damals der *Mönch,* so ist es jetzt der *Philosoph,* in dessen Hirn die Revolution beginnt. Luther hat allerdings die Knechtschaft aus *Devotion* besiegt, weil er die Knechtschaft aus *Überzeugung* an ihre Stelle gesetzt hat. Er hat den Glauben an die Autorität gebrochen, weil er die Autorität des Glaubens restauriert hat. Er hat die Pfaffen in Laien verwandelt, weil er die Laien in Pfaffen verwandelt hat. Er hat den Menschen von der äußern Religiosität befreit, weil er die Religiosität zum innern Menschen gemacht hat. Er hat den Leib von der Kette emanzipiert, weil er das Herz in Ketten gelegt. Aber, wenn der Protestantismus nicht die wahre Lösung, so war er die wahre Stellung der Aufgabe.

Zur Kritik der Hegelschen Rechtsphilosophie MEW 1, 395 f.

[Die kapitalistische Produktion ist] wesentlich kosmopolitisch wie das Christentum. Christentum ist daher auch spezielle Religion des Kapitals. In beiden gilt nur der Mensch. An und für sich ist der Mensch so wenig und so viel wert wie der andere. In dem einen hängt alles davon ab, ob er den Glauben, und in dem anderen, ob er Kredit hat. Außerdem kommt bei dem einen allerdings die Gnadenwahl hinzu. Bei dem anderen der Zufall, ob er von Haus aus Geld hat oder nicht.

Theorien über den Mehrwert, MEW 26/3, 441 f.

Die Frage, ob dem menschlichen Denken gegenständliche Wahrheit zukomme, ist keine Frage der Theorie, sondern eine *praktische* Frage. In der Praxis muß der Mensch die Wahrheit, das heißt die Wirklichkeit und Macht, die Diesseitigkeit seines Denkens beweisen.

Thesen über Feuerbach, MEW 3, 5

Wie die Philosophie im Proletariat ihre *materiellen*, so findet das Proletariat in der Philosophie seine *geistigen* Waffen.

Zur Kritik der Hegelschen Rechtsphilosophie MEW 1, 391

»ALLE ARBEIT ERSCHEINT ALS BEZAHLTE ARBEIT«

Arbeit und Ausbeutung

Die Bourgeoisie, wo sie zur Herrschaft gekommen, hat alle feudalen, patriarchalischen, idyllischen Verhältnisse zerstört. Sie hat die buntscheckigen Feudalbande, die den Menschen an seinen natürlichen Vorgesetzten knüpften, unbarmherzig zerrissen und kein anderes Band zwischen Mensch und Mensch übriggelassen als das nackte Interesse, als die gefühllose bare Zahlung. Sie hat die heiligen Schauer der frommen Schwärmerei, der ritterlichen Begeisterung, der spießbürgerlichen Wehmut in dem eiskalten Wasser egoistischer Berechnung ertränkt. Sie hat die persönliche Würde in den Tauschwert aufgelöst und an die Stelle der zahllosen verbrieften und wohlerworbenen Freiheiten die eine gewissenlose Handelsfreiheit gesetzt. Sie hat, mit einem Wort, an die Stelle der mit religiösen und politischen Illusionen verhüllten Ausbeutung die offene, unverschämte, direkte, dürre Ausbeutung gesetzt. Die Bourgeoisie hat enthüllt, wie die brutale Kraftäußerung, die die Reaktion so sehr am Mittelalter bewundert, in der trägsten Bärenhäuterei ihre passende Ergänzung fand. Erst sie hat bewiesen, was die Tätigkeit der Menschen zustande bringen kann. Sie hat ganz andere Wunderwerke vollbracht als ägyptische Pyramiden, römische Wasserleitungen und gotische Kathedralen, sie hat ganz andere Züge ausgeführt als Völkerwanderungen und Kreuzzüge.

Marx/Engels, Manifest der Kommunistischen Partei, MEW 4, 465

Die Arbeit ist zunächst ein Prozeß zwischen Mensch und Natur, ein Prozeß, worin der Mensch seinen Stoffwechsel mit der Natur durch seine eigne Tat vermittelt, regelt und kontrolliert.

Das Kapital, MEW 23, 192

[Die Menschen] produzieren nur, indem sie auf eine bestimmte Weise zusammenwirken und ihre Tätigkeiten gegeneinander austauschen. Um zu produzieren, treten sie in bestimmte Beziehungen und Verhältnisse zueinander, und nur innerhalb dieser gesellschaftlichen Beziehungen und Verhältnisse findet ihre Einwirkung auf die Natur, findet die Produktion statt.

Lohnarbeit und Kapital, MEW 6, 407

Eine Spinne verrichtet Operationen, die denen des Webers ähneln, und eine Biene beschämt durch den Bau ihrer Wachszellen manchen menschlichen Baumeister. Was aber von vornherein den schlechtesten Baumeister vor der besten Biene auszeichnet, ist, daß er die Zelle in seinem Kopf gebaut hat, bevor er sie in Wachs baut. Am Ende des Arbeitsprozesses kommt ein Resultat heraus, das beim Beginn desselben schon in der Vorstellung des Arbeiters, also schon ideell vorhanden war. Nicht daß er nur eine Formveränderung des Natürlichen bewirkt; er verwirklicht im Natürlichen zugleich seinen Zweck, den er weiß, der die Art und Weise seines Tuns als Gesetz bestimmt und dem er seinen Willen unterordnen muß.

Das Kapital, MEW 23, 193

So wenig eine Gesellschaft aufhören kann zu konsumieren, so wenig kann sie aufhören zu produzieren. In einem stetigen Zusammenhang und dem beständigen Fluß seiner Erneuerung betrachtet, ist jeder gesellschaftliche Produktionsprozeß daher zugleich Reproduktionsprozeß. Die Bedingungen der Produktion sind zugleich die Bedingungen der Reproduktion.

Das Kapital, MEW 23, 591

In Manufaktur und Handwerk bedient sich der Arbeiter des Werkzeugs, in der Fabrik dient er der Maschine. [...] In der Manufaktur bilden die Arbeiter Glieder eines lebendigen Mechanismus. In der Fabrik existiert ein toter Mechanismus unabhängig von ihnen, und sie werden ihm als lebendige Anhängsel einverleibt.

Das Kapital, MEW 23, 445

[Der Arbeiter] benutzt die mechanischen, physikalischen, chemischen Eigenschaften der Dinge, um sie als Machtmittel auf andre Dinge, seinem Zweck gemäß, wirken zu lassen. [...] Dieselbe Wichtigkeit, welche der Bau von Knochenreliquien für die Erkenntnis der Organisation untergegangner Tiergeschlechter, haben Reliquien von Arbeitsmitteln für die Beurteilung untergegangner ökonomischer Gesellschaftsformationen. Nicht was gemacht wird, sondern wie, mit welchen Arbeitsmitteln gemacht wird, unterscheidet die ökonomischen Epochen. Die Arbeitsmittel sind nicht nur Gradmesser der Entwicklung der menschlichen Arbeitskraft, sondern auch Anzeiger der gesellschaftlichen Verhältnisse, worin gearbeitet wird.

Das Kapital, MEW 23, 194 f.

Aller Mehrwert, in welcher besondern Gestalt von Profit, Zins, Rente usw. er sich später kristallisiere, ist seiner Substanz nach Materiatur unbezahlter Arbeitszeit.

Das Kapital, MEW 23, 556

Freier Handel! im Interesse der arbeitenden Klasse; Schutzzölle! im Interesse der arbeitenden Klasse; Zellengefängnisse! im Interesse der arbeitenden Klasse; das ist das letzte, das einzige ernstgemeinte Wort des Bourgeoisiesozialismus. Der Sozialismus der Bourgeoisie besteht eben in der Behauptung, daß die Bourgeois Bourgeois sind – im Interesse der arbeitenden Klasse.

Marx/Engels, Manifest der Kommunistischen Partei, MEW 4, 489

Die Arbeit in weißer Haut kann sich nicht dort emanzipieren, wo sie in schwarzer Haut gebrandmarkt wird.

Das Kapital, MEW 23, 318

Alle Arbeit ist einerseits Verausgabung menschlicher Arbeitskraft im physiologischen Sinn, und in dieser Eigenschaft gleicher menschlicher oder abstrakt menschlicher Arbeit bildet sie den Warenwert.

Alle Arbeit ist andrerseits Verausgabung menschlicher Arbeitskraft in besondrer zweckbestimmter Form, und in dieser Eigenschaft konkreter nützlicher Arbeit produziert sie Gebrauchswerte.

Das Kapital, MEW 23, 61

Sinkt der Preis der Arbeitskraft auf dieses Minimum [Existenzminimum], so sinkt er unter ihren Wert, denn sie kann sich so nur in verkümmerter Form erhalten und entwickeln. Der Wert jeder Ware ist aber bestimmt durch die Arbeitszeit.

Das Kapital, MEW 23, 187

Je weniger Zeit die Gesellschaft bedarf, um Weizen, Vieh etc. zu produzieren, desto mehr Zeit gewinnt sie zu andrer Produktion, materieller oder geistiger. Wie bei einem einzelnen Individuum, hängt die Allseitigkeit ihrer Entwicklung, ihres Genusses und ihrer Tätigkeit von Zeitersparung ab. [...] Ökonomie der Zeit, darin löst sich schließlich alle Ökonomie auf.

Grundrisse der Kritik der politischen Ökonomie, MEW 42, 105

Das Recht auf Arbeit ist im bürgerlichen Sinn ein Widersinn, ein elender, frommer Wunsch.

Die Klassenkämpfe in Frankreich 1848 bis 1850, MEW 7, 42

Aber freie Zeit, verfügbare Zeit, ist der Reichtum selbst – teils zum Genuß der Produkte, teils zur freien Tätigkeit, die nicht wie die Arbeit durch den Zwang eines äußeren Zwecks bestimmt ist, der erfüllt werden muß, dessen Erfüllung Naturnotwendigkeit oder soziale Pflicht ist, wie man will.

Theorien über den Mehrwert, MEW 26/3, 253

Wahrer Reichtum [ist] Zeit, die nicht durch unmittelbar produktive Arbeit absorbiert wird, sondern zum Genuß, zur Muße, so daß sie zur freien Tätigkeit und Entwicklung Raum gibt.

Theorien über den Mehrwert, MEW 26/3, 252

Der Wert der Arbeitskraft, gleich dem jeder andren Ware, ist bestimmt durch die zur Produktion, also auch Reproduktion, dieses spezifischen Artikels notwendige Arbeitszeit.

Das Kapital, MEW 23, 184

Solange der Lohnarbeiter Lohnarbeiter ist, hängt sein Los vom Kapital ab. Das ist die vielgerühmte Gemeinsamkeit des Interesses von Arbeiter und Kapitalist.

Lohnarbeit und Kapital, MEW 6, 411

Die Technologie enthüllt das aktive Verhalten des Menschen zur Natur, den unmittelbaren Produktionsprozeß seines Lebens, damit auch seiner gesellschaftlichen Lebensverhältnisse und der ihnen entquellenden geistigen Vorstellungen. Selbst alle Religionsgeschichte, die von dieser materiellen Basis abstrahiert, ist – unkritisch. Es ist in der Tat viel leichter, durch Analyse den irdischen Kern der religiösen Nebelbildungen zu finden, als umgekehrt, aus den jedesmaligen wirklichen Lebensverhältnissen ihre verhimmelten Formen zu entwickeln. Die letztre ist die einzig materialistische, und daher wissenschaftliche Methode. Die Mängel des abstrakt naturwissenschaftlichen Materialismus, der den geschichtlichen Prozeß ausschließt, ersieht man schon aus den abstrakten und ideologischen Vorstellungen seiner Wortführer, sobald sie sich über ihre Spezialität hinauswagen.

Das Kapital, MEW 23, 393

Als Maschinerie erhält das Arbeitsmittel eine materielle Existenzweise, welche Ersetzung der Menschenkraft durch Naturkräfte und erfahrungsmäßige Routine durch bewußte Anwendung der Naturwissenschaft bedingt.

Das Kapital, MEW 23, 407

Eine Aneignung, die sich nichts zu eigen macht, ist contradictio in subjecto [ein Widerspruch in sich].

Einleitung zu den Grundrissen der Kritik der politischen Ökonomie, MEW 42, 23

Der Wert der Arbeitskraft und ihre Verwertung im Arbeitsprozeß sind also zwei verschiedne Größen. Diese Wertdifferenz hatte der Kapitalist im Auge, als er die Arbeitskraft kaufte.

Das Kapital, MEW 23, 208

Es ist eine unzweifelhafte Tatsache, daß die Maschinerie an sich nicht verantwortlich ist für die »Freisetzung« der Arbeiter von Lebensmitteln. Sie verwohlfeilert und vermehrt das Produkt in dem Zweig, den sie ergreift, und läßt die in andren Industriezweigen produzierte Lebensmittelmasse zunächst unverändert. Nach wie vor ihrer Einführung besitzt die Gesellschaft also gleich viel oder mehr Lebensmittel für die deplacierten Arbeiter, ganz abgesehn von dem enormen Teil des jährlichen Produkts, der von Nichtarbeitern vergeudet wird. Und dies ist die Pointe der ökonomischen Apologetik! Die von der kapitalistischen Anwendung der Maschinerie untrennbaren Widersprüche und Antagonismen existieren nicht, weil sie nicht aus der Maschinerie selbst erwachsen, sondern aus ihrer kapitalistischen Anwendung! Da also die Maschinerie an sich betrachtet die Arbeitszeit verkürzt, während sie kapitalistisch angewandt den Arbeitstag verlängert, an sich die Arbeit erleichtert, kapitalistisch angewandt ihre Intensität steigert, an sich ein Sieg des Menschen über die Naturkraft ist, kapitalistisch angewandt den Menschen durch die Naturkraft unterjocht, an sich den Reichtum des Produzenten vermehrt, kapitalistisch angewandt ihn verpaupert usw., erklärt der bürgerliche Ökonom einfach, das Ansichbetrachten der Maschinerie beweise haarscharf, daß alle jene handgreiflichen Widersprüche bloßer Schein der gemeinen Wirklichkeit, aber an sich, also auch in der Theorie gar nicht vorhanden sind. Er spart sich so alles weitre Kopfzerbrechen und bürdet seinem Gegner obendrein die Dummheit auf, nicht die kapitalistische Anwendung der Maschinerie zu bekämpfen, sondern die Maschinerie selbst.

Das Kapital, MEW 23, 464 f.

Nur die Form, worin die Mehrarbeit dem unmittelbaren Produzenten, dem Arbeiter, abgepreßt wird, unterscheidet die ökonomischen Gesellschaftsformationen, z.B. die Gesellschaft der Sklaverei von der der Lohnarbeit.

Das Kapital, MEW 23, 231

Arbeitslohn [ist] nicht das [...], was er zu sein scheint, nämlich der Wert respektive Preis der Arbeit, sondern nur eine maskierte Form für den Wert resp. Preis der Arbeitskraft.

Kritik des Gothaer Programms, MEW 19, 25

Die Form des Arbeitslohns löscht [...] jede Spur der Teilung des Arbeitstags in notwendige Arbeit und Mehrarbeit, in bezahlte und unbezahlte Arbeit aus. Alle Arbeit erscheint als bezahlte Arbeit.

Das Kapital, MEW 23, 562

Ist die Ausbeutung des Arbeiters durch den Fabrikanten so weit beendigt, daß er seinen Arbeitslohn bar ausgezahlt erhält, so fallen die anderen Teile der Bourgeoisie über ihn her, der Hausbesitzer, der Krämer, der Pfandleiher usw.

Marx/Engels, Manifest der Kommunistischen Partei, MEW 4, 469

Wie in der städtischen Industrie wird in der modernen Agrikultur die gesteigerte Produktivkraft und größre Flüssigmachung der Arbeit erkauft durch Verwüstung und Versiechung der Arbeitskraft selbst. Und jeder Fortschritt der kapitalistischen Agrikultur ist nicht nur ein Fortschritt in der Kunst, den Arbeiter, sondern zugleich in der Kunst, den Boden zu berauben, jeder Fortschritt in Steigerung seiner Fruchtbarkeit für eine gegebne Zeitfrist zugleich ein Fortschritt im Ruin der dauernden Quellen dieser Fruchtbarkeit.

Das Kapital, MEW 23, 529

Der Sklave verkauft seine Arbeitskraft nicht an den Sklavenbesitzer, so wenig wie der Ochse seine Leistungen an den Bauern verkauft. Der Sklave mitsamt seiner Arbeitskraft ist ein für allemal an seinen Eigentümer verkauft.

Lohnarbeit und Kapital, MEW 6, 401

In der bürgerlichen Gesellschaft ist die lebendige Arbeit nur ein Mittel, die aufgehäufte Arbeit zu vermehren. In der kommunistischen Gesellschaft ist die aufgehäufte Arbeit nur ein Mittel, um den Lebensprozeß der Arbeiter zu erweitern, zu bereichern, zu befördern. In der bürgerlichen Gesellschaft herrscht also die Vergangenheit über die Gegenwart, in der kommunistischen die Gegenwart über die Vergangenheit. In der bürgerlichen Gesellschaft ist das Kapital selbständig und persönlich, während das tätige Individuum unselbständig und unpersönlich ist. Und die Aufhebung dieses Verhältnisses nennt die

Bourgeoisie Aufhebung der Persönlichkeit und Freiheit! Und mit Recht. Es handelt sich allerdings um die Aufhebung der Bourgeois-Persönlichkeit, -Selbständigkeit und -Freiheit.

Marx/Engels, Manifest der Kommunistischen Partei, MEW 4, 476

Ein produktiver Arbeiter ist ein Arbeiter, der fremden Reichtum produziert. Nur als solches Produktionsinstrument für fremden Reichtum hat seine Existenz einen Sinn.

Theorien über den Mehrwert, MEW 26/1, 196

Freiheit! Denn Käufer und Verkäufer [...] der Arbeitskraft, sind nur durch ihren freien Willen bestimmt. Sie schließen den Vertrag als freie, rechtlich ebenbürtige Personen. Der Arbeitsvertrag ist das Endresultat, worin sich ihre Willen einen gemeinsamen Rechtsausdruck geben. Gleichheit! Denn sie beziehen sich nur als Warenbesitzer aufeinander und tauschen gleichen Wert (Arbeitskraft) gegen gleichen Wert (Lohn).

Das Kapital, MEW 23, 189 f.

Die Interessen des Kapitals und die Interessen der Arbeit sind dieselben, heißt nur: Kapital und Lohnarbeit sind zwei Seiten eines und desselben Verhältnisses. Die eine bedingt die andere, wie der Wucherer und Verschwender sich wechselseitig bedingen.

Lohnarbeit und Kapital, MEW 6, 411

Die Akkumulation von Reichtum auf dem einen Pol ist also zugleich Akkumulation von Elend, Arbeitsqual, Sklaverei, Unwissenheit, Brutalisierung und moralischer Degradation auf dem Gegenpol, d.h. auf Seite der Klasse, die ihr eignes Produkt als Kapital produziert.

Das Kapital, MEW 23, 675

Nun ist der Reichtum einerseits Sache, verwirklicht in Sachen, materiellen Produkten, denen der Mensch als Subjekt gegenübersteht; andererseits als Wert ist er bloßes Kommando über fremde Arbeit.

Grundrisse der Kritik der politischen Ökonomie, MEW 42, 395

Das Bedürfnis nach einem stets ausgedehnteren Absatz für ihre Produkte jagt die Bourgeoisie über die ganze Erdkugel. Überall muß sie sich einnisten, überall anbauen, überall Verbindungen herstellen.

Marx/Engels, Manifest der Kommunistischen Partei, MEW 4, 465

Der Protestantismus spielt schon durch seine Verwandlung fast aller traditionellen Feiertage in Werktage eine wichtige Rolle in der Genesis des Kapitals.

Das Kapital, MEW 23, 292

[Die Arbeiter sollen sparen], so daß sie im Alter, oder wenn Krankheiten, Krisen etc. dazwischen kommen, nicht den Armenhäusern, dem Staat, dem Bettel (in einem Wort der Arbeiterklasse selbst und namentlich nicht den Kapitalisten) zur Last fallen und auf deren Tasche vegetieren, also sparen für die Kapitalisten; ihre Produktionskosten für dieselben vermindern.

Grundrisse der Kritik der politischen Ökonomie, MEW 42, 210 f.

Das industrielle Arbeitslosenheer drückt während der Perioden der Stagnation und mittleren Prosperität auf die aktive Arbeiterarmee und hält ihre Ansprüche während der Periode der Überproduktion und der Überspannung im Zaum. Der relative Arbeiterüberschuß ist also der Hintergrund, worauf das Gesetz der Nachfrage und Zufuhr von Arbeit sich bewegt.

Das Kapital, MEW 23, 668

Der Arbeiter sucht die Masse seines Arbeitslohns zu behaupten, indem er mehr arbeitet, sei es, daß er mehr Stunden arbeitet, sei es, daß er mehr in derselben Stunde liefert [...] Das Resultat ist: Je mehr er arbeitet, um so weniger Lohn erhält er.

Lohnarbeit und Kapital, MEW 6, 420

Im großen und ganzen sind die allgemeinen Bewegungen des Arbeitslohns ausschließlich reguliert durch die Vergrößerung und Verkleinerung des industriellen Arbeitslosenheers, welche dem Periodenwechsel des industriellen Zyklus entsprechen. Sie sind also nicht bestimmt durch die Bewegung der absoluten Anzahl der Arbeiterbevölkerung, sondern durch das wechselnde Verhältnis, worin die Arbeiterklasse in aktive Armee und Reservearmee zerfällt, durch den Grad, worin sie bald absorbiert, bald wieder freigesetzt wird.

Das Kapital, MEW 23, 666

Das Wort Überproduktion führt an sich in die Irre. Solange die dringendsten Bedürfnisse eines großen Teils der Gesellschaft nicht befriedigt sind oder nur seine unmittelbarsten Bedürfnisse, kann natürlich von einer Überproduktion von Produkten – in dem Sinn, daß die Masse der Produkte überflüssig wäre im Verhältnis zu den Bedürfnissen für sie – absolut nicht die Rede sein. Es muß umgekehrt gesagt werden, daß auf Grundlage der kapitalistischen Produktion in diesem Sinn beständig unterproduziert wird. Die Schranke der Produktion ist der Profit der Kapitalisten, keineswegs das Bedürfnis der Produzenten.

Theorien über den Mehrwert, MEW 26/2, 528

Als das rastlose Streben nach der allgemeinen Form des Reichtums (d. h. nach dem Geld) treibt [...] das Kapital die Arbeit über die Grenzen ihrer Naturbedürftigkeit hinaus und schafft so die materiellen Elemente für die Entwicklung der reichen Individualität, die ebenso allseitig in ihrer Produktion als Konsumtion ist.

Grundrisse der Kritik der politischen Ökonomie, MEW 42, 244

Die Bourgeoisie kann nicht existieren, ohne die Produktionsinstrumente, also die Produktionsverhältnisse, also sämtliche gesellschaftlichen Verhältnisse fortwährend zu revolutionieren. Unveränderte Beibehaltung der alten Produktionsweise war dagegen die erste Existenzbedingung aller früheren industriellen Klassen. Die fortwährende Umwälzung der Produktion, die ununterbrochene Erschütterung aller gesellschaftlichen Zustände, die ewige Unsicherheit und Bewegung zeichnet die Bourgeoisepoche vor allen anderen aus. Alle festen eingerosteten Verhältnisse mit ihrem Gefolge von altehrwürdigen Vorstellungen und Anschauungen werden aufgelöst, alle neugebildeten veralten, ehe sie verknöchern können. Alles Ständische und Stehende verdampft, alles Heilige wird entweiht, und die Menschen sind endlich gezwungen, ihre Lebensstellung, ihre gegenseitigen Beziehungen mit nüchternen Augen anzusehen.

Marx/Engels, Manifest der Kommunistischen Partei, MEW 4, 465

Alle Produktion ist Aneignung der Natur von Seiten des Individuums innerhalb und vermittelst einer bestimmten Gesellschaftsform. In diesem Sinn ist es eine Binsenweisheit zu sagen, daß Eigentum (Aneignen) eine Bedingung der Produktion sei. Lächerlich aber ist es, hiervon einen Sprung auf eine bestimmte Form des Eigentums, z. B. das Privateigentum zu machen.

Einleitung zu den Grundrissen der Kritik der politischen Ökonomie, MEW 42, 23

»PLUSMACHEREI IST DAS ABSOLUTE GESETZ«

Kapital und Profit

Wenn das Geld, nach Augier, »mit natürlichen Blutflecken auf einer Backe zur Welt kommt«, so das Kapital von Kopf bis Zeh, aus allen Poren, blut- und schmutztriefend.

Das Kapital, MEW 23, 788

Die große geschichtliche Seite des Kapitals ist diese *Surplusarbeit*, überflüssige Arbeit vom Standpunkt des bloßen Gebrauchswerts, der bloßen Subsistenz aus, zu *schaffen*, und seine historische Bestimmung ist erfüllt, sobald [...] die Bedürfnisse soweit entwickelt sind, daß die Surplusarbeit über das Notwendige hinaus selbst allgemeines Bedürfnis ist.

Grundrisse der Kritik der politischen Ökonomie, MEW 42, 244

Wie die unbezahlte Arbeit des Arbeiters dem produktiven Kapital direkt Mehrwert, schafft die unbezahlte Arbeit der kommerziellen Lohnarbeiter dem Handelskapital einen Anteil an jenem Mehrwert.

Das Kapital, MEW 25, 302

Gleiche Exploitation der Arbeitskraft ist das erste Menschenrecht des Kapitals.

Das Kapital, MEW 23, 309

Das Interesse des Kapitalisten und des Arbeiters ist also *dasselbe*, behaupten die Kapitalisten und ihre Ökonomen. Und in der Tat! Der Arbeiter geht zugrunde, wenn ihn das Kapital nicht beschäftigt. Das Kapital geht zugrunde, wenn es die Arbeitskraft nicht ausbeutet, und um sie auszubeuten, muß es sie kaufen.

Lohnarbeit und Kapital, MEW 6, 410

Zur Verwandlung von Geld in Kapital muß der Geldbesitzer also den freien Arbeiter auf dem Warenmarkt vorfinden, frei in dem Doppelsinn, daß er als freie Person über seine Arbeitskraft als seine Ware verfügt, daß er andrerseits andre Waren nicht zu verkaufen hat, los und ledig, frei ist von allen zur Verwirklichung seiner Arbeitskraft nötigen Sachen.

Das Kapital, MEW 23, 183

Der einzige Teil des sogenannten Nationalreichtums, der wirklich in den Gesamtbesitz der modernen Völker eingeht, ist – ihre Staatsschuld.

Das Kapital, MEW 23, 782

Der Kapitalist kann [unter Zeitlohnbedingungen] ein bestimmtes Quantum Mehrarbeit aus dem Arbeiter herausschlagen, ohne ihm die zu seiner Selbsterhaltung notwendige Arbeitszeit einzuräumen. Er kann jede Regelmäßigkeit der Beschäftigung vernichten und ganz nach Bequemlichkeit, Willkür und augenblicklichem Interesse die ungeheuerste Überarbeit mit relativer oder gänzlicher Arbeitslosigkeit abwechseln lassen.

Das Kapital, MEW 23, 568

Solange die auf dem Kapital ruhende Produktion die notwendige, daher die angemessenste Form für die Entwicklung der gesellschaftlichen Produktivkraft, erscheint das Bewegen der Individuen innerhalb der reinen Bedingungen des Kapitals als ihre Freiheit.

Grundrisse der Kritik der politischen Ökonomie, MEW 42, 550

[Das Verdienst der klassischen Ökonomen ist,] den innern Zusammenhang der bürgerlichen Produktionsverhältnisse erforscht [zu haben] im Gegensatz zur Vulgärökonomie, die sich nur innerhalb des scheinbaren Zusammenhangs herumtreibt.

Das Kapital, MEW 23, 95

Die Vulgärökonomie tut in der Tat nichts, als die Vorstellungen der in den bürgerlichen Produktionsverhältnissen befangenen Agenten dieser Produktion doktrinär zu verdolmetschen, zu systematisieren und zu apologetisieren.

Das Kapital, MEW 25, 825

Alle Widersprüche der bürgerlichen Produktion kommen in den allgemeinen Weltmarktkrisen kollektiv zum Ausbruch, in den besondern Krisen (dem Inhalt und der Ausdehnung nach besonderen) nur zerstreut, isoliert, einseitig.

Theorien über den Mehrwert, MEW 26/2, 535

Was hat die Überproduktion überhaupt mit den absoluten Bedürfnissen zu tun? Sie hat es nur mit den zahlungsfähigen Bedürfnissen zu tun. Es handelt sich nicht um absolute Überproduktion – Überproduktion an und für sich im Verhältnis zu der absoluten Bedürftigkeit oder dem Wunsch nach dem Besitz der Waren. In diesem Sinne existiert weder partielle noch allgemeine Überproduktion.

Theorien über den Mehrwert, MEW 26/2, 507

Beim Scheiden von dieser Sphäre der einfachen Zirkulation oder des Warenaustausches, woraus der Freihändler vulgaris Anschauungen, Begriffe und Maßstab für sein Urteil über die Gesellschaft des Kapitals und der Lohnarbeit entlehnt, verwandelt sich, so scheint es, schon in etwas die Physiognomie unsrer dramatis personae. Der ehemalige Geldbesitzer schreitet voran als Kapitalist, der Arbeitskraftbesitzer folgt ihm nach als sein Arbeiter; der eine bedeutungsvoll schmunzelnd und geschäftseifrig, der andre scheu, widerstrebsam, wie jemand, der seine eigne Haut zu Markt getragen und nun nichts andres zu erwarten hat als die – Gerberei.

Das Kapital, MEW 23, 190 f.

Die Kreisläufe der individuellen Kapitale verschlingen sich [...] ineinander, setzen sich voraus und bedingen einander, und bilden gerade in dieser Verschlingung die Bewegung des gesellschaftlichen Gesamtkapitals.

Das Kapital, MEW 24, 353 f.

[...] wo ein vermögensloser Mann als Industrieller oder Kaufmann Kredit erhält, geschieht es in dem Vertrauen, daß er als Kapitalist fungieren, unbezahlte Arbeit aneignen wird mit dem geliehenen

Kapital. Es wird ihm Kredit gegeben als potentiellem Kapitalisten. Und dieser Umstand [...], daß ein Mann ohne Vermögen, aber mit Energie, Solidität, Fähigkeit und Geschäftskenntnis sich in dieser Weise in einen Kapitalisten verwandeln kann [...], befestigt die Herrschaft des Kapitals selbst, erweitert ihre Basis und erlaubt ihr, sich mit stets neuen Kräften aus der gesellschaftlichen Unterlage zu rekrutieren. Ganz wie der Umstand, daß die katholische Kirche im Mittelalter ihre Hierarchie ohne Ansehen von Stand, Geburt, Vermögen aus den besten Köpfen im Volk bildete, ein Hauptbefestigungsmittel der Pfaffenherrschaft und der Unterdrückung der Laien war.

Das Kapital, MEW 25, 614

Die Krisen sind immer nur momentane gewaltsame Lösungen der vorhandnen Widersprüche, gewaltsame Eruptionen, die das gestörte Gleichgewicht für den Augenblick wieder herstellen.

Das Kapital, MEW 25, 259

Die aus der kapitalistischen Produktionsweise hervorgehende kapitalistische Aneignungsweise, daher das kapitalistische Privateigentum, ist die erste Negation des individuellen, auf eigne Arbeit gegründeten Privateigentums. Aber die kapitalistische Produktion erzeugt mit der Notwendigkeit eines Naturprozesses ihre eigne Negation. Es ist Negation der Negation. Diese stellt nicht das Privateigentum wieder her, wohl aber das individuelle Eigentum auf Grundlage der Errungenschaft der kapitalistischen Ära: der Kooperation und des Gemeinbesitzes der Erde und der durch die Arbeit selbst produzierten Produktionsmittel.

Das Kapital, MEW 23, 791

Die kapitalistische Produktion [bewegt] sich in bestimmten periodischen Zyklen [...]. Sie macht nacheinander den Zustand der Stille, wachsenden Belebung, Prosperität, Überproduktion, Krise und Stagnation durch. Die Marktpreise der Waren und die Marktraten des Profits folgen diesen Phasen, bald unter ihren Durchschnitt sinkend, bald sich darüber erhebend. [...] Während der Phase sinkender Marktpreise, ebenso wie während der Phasen der Krise und der Stagnation, droht dem Arbeiter, falls er nicht überhaupt aufs Pflaster geworfen wird, eine Herabsetzung des Arbeitslohns [...]. Wenn er nicht bereits während der Prosperitätsphase, solange Extraprofite gemacht werden, für eine Lohnsteigerung kämpfte, so käme er im Durchschnitt eines industriellen Zyklus nicht einmal zu seinem Durchschnittslohn oder dem Wert seiner Arbeitskraft. Es ist der Gipfel des Widersinns, zu verlangen, er solle, während sein Arbeitslohn notwendigerweise durch die ungünstigen Phasen des Zyklus beeinträchtigt wird, darauf verzichten, sich während der Prosperitätsphase schadlos zu halten.

Lohn, Preis und Profit, MEW 16, 145 f.

Die ungeheure Produktivkraft, im Verhältnis der Bevölkerung, die innerhalb der kapitalistischen Produktionsweise sich entwickelt und, wenn auch nicht im selben Verhältnis, das Wachsen der Kapitalwerte (nicht nur ihres materiellen Substrats), die viel rascher wachsen als die Bevölkerung, widerspricht der, relativ zum wachsenden Reichtum, immer schmaler werdenden Basis, für die diese ungeheure Produktivkraft wirkt, und den Verwertungsverhältnissen dieses schwellenden Kapitals. Daher die Krisen.

Das Kapital, MEW 25, 277

Das Kapitalmonopol wird zur Fessel der Produktionsweise, die mit und unter ihm aufgeblüht ist. Die Zentralisation der Produktionsmittel und die Vergesellschaftung der Arbeit erreichen einen Punkt, wo sie unverträglich werden mit ihrer kapitalistischen

Hülle. Sie wird gesprengt. Die Stunde des kapitalistischen Privateigentums schlägt. Die Expropriateurs werden expropriiert.

Das Kapital, MEW 23, 791

[Die Manufaktur] verkrüppelt den Arbeiter in eine Abnormität, indem sie sein Detailgeschick treibhausmäßig fördert durch Unterdrückung einer Welt von produktiven Trieben und Anlagen, wie man in den La-Plata-Staaten ein ganzes Tier abschlachtet, um sein Fell oder seinen Talg zu erbeuten.

Das Kapital, MEW 23, 381

Die manufakturmäßige Teilung der Arbeit [...] produziert neue Bedingungen der Herrschaft des Kapitals über die Arbeit. Wenn sie daher einerseits als historischer Fortschritt und notwendiges Entwicklungsmoment im ökonomischen Bildungsprozeß der Gesellschaft erscheint, so andrerseits als ein Mittel zivilisierter und raffinierter Exploitation.

Das Kapital, MEW 23, 386

Der kapitalistische Produktionsprozeß reproduziert [...] durch seinen eignen Vorgang die Scheidung zwischen Arbeitskraft und Arbeitsbedingungen. Er reproduziert und verewigt damit die

Exploitationsbedingungen des Arbeiters. Er zwingt beständig den Arbeiter zum Verkauf seiner Arbeitskraft, um zu leben, und befähigt beständig den Kapitalisten zu ihrem Kauf, um sich zu bereichern. Es ist nicht mehr der Zufall, welcher Kapitalist und Arbeiter als Käufer und Verkäufer einander auf dem Warenmarkt gegenüberstellt. Es ist die Zwickmühle des Prozesses selbst, die den einen stets als Verkäufer seiner Arbeitskraft auf den Warenmarkt zurückschleudert und sein eignes Produkt stets in das Kaufmittel des andren verwandelt. In der Tat gehört der Arbeiter dem Kapital, bevor er sich dem Kapitalisten verkauft.

Das Kapital, MEW 23, 603

Produktion von Mehrwert oder Plusmacherei ist das absolute Gesetz dieser Produktionsweise [der kapitalistischen].

Das Kapital, MEW 23, 647

Das Kapital ist verstorbne Arbeit, die sich nur vampyrmäßig belebt durch Einsaugung lebendiger Arbeit, und um so mehr lebt, je mehr sie davon einsaugt.

Das Kapital, MEW 23, 247

Der wirkliche Größenunterschied zwischen Profit und Mehrwert [...] in den besondren Produktionssphären versteckt nun völlig die wahre Natur und den Ursprung des Profits, nicht nur für den Kapitalisten, der hier ein besondres Interesse hat sich zu täuschen, sondern auch für den Arbeiter. Mit der Verwandlung der Werte in Produktionspreise wird die Grundlage der Wertbestimmung selbst aus dem Auge gerückt.

Das Kapital, MEW 25, 177 f

Die allgemeine Tendenz der kapitalistischen Produktion geht dahin, den durchschnittlichen Lohnstandard nicht zu heben, sondern zu senken.

Lohn, Preis und Profit, MEW 16, 151

Je größer der gesellschaftliche Reichtum, das funktionierende Kapital, Umfang und Energie seines Wachstums, also auch die absolute Größe des Proletariats und die Produktivkraft seiner Arbeit, desto größer die industrielle Reservearmee [...]. Die verhältnismäßige Größe der industriellen Reservearmee wächst also mit den Potenzen des Reichtums. Je größer aber diese Reservearmee im Verhältnis zur aktiven Arbeiterarmee, desto massenhafter die konsolidierte Überbevölkerung, deren Elend im umgekehrten Verhältnis zu ihrer Arbeitsqual steht. Je größer endlich die Lazarusschicht der Arbeiterklasse und die industrielle Reservearmee, desto größer der offizielle Pauperismus. Dies ist das absolute, allgemeine Gesetz der kapitalistischen Akkumulation.

Das Kapital, MEW 23, 673 f.

Das industrielle Kapital ist die einzige Daseinsweise des Kapitals, worin nicht nur Aneignung von Mehrwert, resp. Mehrprodukt, sondern zugleich dessen Schöpfung Funktion des Kapitals ist. Es bedingt daher den kapitalistischen Charakter der Produktion; sein Dasein schließt das des Klassengegensatzes von Kapitalisten und Lohnarbeitern ein.

Das Kapital, MEW 24, 61

Für das Kapital [...] gilt das Gesetz der gesteigerten Produktivkraft der Arbeit nicht unbedingt. Für das Kapital wird diese Produktivkraft gesteigert, nicht wenn überhaupt an der lebendigen Arbeit, sondern nur wenn an dem bezahlten Teil der lebendigen Arbeit mehr erspart als an vergangner Arbeit zugesetzt wird.

Das Kapital, MEW 25, 272

Die ökonomische Charaktermaske des Kapitalisten hängt nur dadurch an einem Menschen fest, daß sein Geld fortwährend als Kapital funktioniert.

Das Kapital, MEW 23, 591

Die kapitalistische Produktionsweise [...] beruht darauf, daß die sachlichen Produktionsbedingungen Nichtarbeitern zugeteilt sind unter der Form von Kapitaleigentum und Grundeigentum, während die Masse nur Eigentümer der persönlichen Produktionsbedingung, der Arbeitskraft ist.

Kritik des Gothaer Programms, MEW 19, 22

Die Aktienunternehmungen überhaupt – entwickelt mit dem Kreditwesen – haben die Tendenz, diese Verwaltungsarbeit als Funktion mehr und mehr zu trennen von dem Besitz des Kapitals, sei es eignes oder geborgtes; ganz wie mit der Entwicklung der bürgerlichen Gesellschaft die richterlichen und Verwaltungsfunktionen sich trennen von dem Grundeigentum, dessen Attribute sie in der Feudalzeit waren. Indem aber einerseits dem bloßen Eigentümer des Kapitals, dem Geldkapitalisten der fungierende Kapitalist gegenübertritt und mit der Entwicklung des Kredits dies Geldkapital selbst einen gesellschaftlichen Charakter annimmt, in Banken konzentriert und von diesen, nicht mehr von seinen unmittelbaren Eigentümern ausgeliehen wird; indem andrerseits aber der bloße Dirigent, der das Kapital unter keinerlei Titel besitzt, weder leihweise noch sonstwie, alle realen Funktionen versieht, die dem fungierenden Kapitalisten als solchem zukommen, bleibt nur der Funktionär und verschwindet der Kapitalist als überflüssige Person aus dem Produktionsprozeß.

Das Kapital, MEW 25, 401

Damit eine Krise (also auch die Überproduktion) allgemein sei, genügt es, daß sie die leitenden Handelsartikel ergreife.

Theorien über den Mehrwert, MEW 26/2, 506

Der Durchschnittsprofit des einzelnen Kapitalisten, oder jedes besondren Kapitals [ist bestimmt] nicht durch die Mehrarbeit, die dies Kapital in erster Hand aneignet, sondern durch das Quantum von Gesamtmehrarbeit, die das Gesamtkapital aneignet und wovon jedes besondre Kapital nur als proportioneller Teil des Gesamtkapitals seine Dividende zieht. Dieser gesellschaftliche Charakter des Kapitals wird erst vermittelt und vollauf verwirklicht durch volle Entwicklung des Kredit- und

Banksystems. Durch das Bankwesen ist die Verteilung des Kapitals den Händen der Privatkapitalisten und Wucherer als ein besondres Geschäft, als gesellschaftliche Funktion entzogen. Bank und Kredit werden aber dadurch zugleich das kräftigste Mittel, die kapitalistische Produktion über ihre eignen Schranken hinauszutreiben, und eins der wirksamsten Vehikel der Krisen und des Schwindels. Das Banksystem zeigt ferner durch die Substitution verschiedner Formen von zirkulierendem Kredit an Stelle des Geldes, daß das Geld in der Tat nichts andres ist als ein besondrer Ausdruck des gesellschaftlichen Charakters der Arbeit und ihrer Produkte, der aber als im Gegensatz zu der Basis der Privatproduktion stets in letzter Instanz als ein Ding, als besondre Ware neben andren Waren sich darstellen muß.

Das Kapital, MEW 25, 620 f.

Krieg versteht sich von selbst, da er unmittelbar ökonomisch dasselbe ist, als wenn die Nation einen Teil ihres Kapitals ins Wasser würfe.

Grundrisse der Kritik der politischen Ökonomie, MEW 42, 63

Für eine Gesellschaft von Warenproduzenten, deren allgemein gesellschaftliches Produktionsverhältnis darin besteht, sich zu ihren Produkten als Waren, also als Werten, zu verhalten und in dieser sachlichen Form ihre Privatarbeiten aufeinander zu beziehn als gleiche menschliche Arbeit, ist das Christentum mit seinem Kultus des abstrakten Menschen, namentlich in seiner bürgerlichen Entwicklung, dem Protestantismus, Deismus usw., die entsprechendste Religionsform.

Das Kapital, MEW 23, 93

Die Bourgeoisie hat durch ihre Exploitation des Weltmarkts die Produktion und Konsumtion aller Länder kosmopolitisch gestaltet. Sie hat zum großen Bedauern der Reaktionäre den nationalen Boden der Industrie unter den Füßen weggezogen. Die uralten nationalen Industrien sind vernichtet worden und werden noch täglich vernichtet. Sie werden verdrängt durch neue Industrien, deren Einführung eine Lebensfrage für alle zivilisierten Nationen wird, durch Industrien, die nicht mehr einheimische Rohstoffe, sondern den entlegensten Zonen angehörige Rohstoffe verarbeiten und deren Fabrikate nicht nur im Lande selbst, sondern in allen Weltteilen zugleich verbraucht werden. An die Stelle der alten, durch Landeserzeugnisse befriedigten Bedürfnisse treten neue, welche die Produkte der entferntesten Länder und Klimate zu ihrer Befriedigung erheischen. An die Stelle der alten lokalen und nationalen Selbstgenügsamkeit und Abgeschlossenheit tritt ein allseitiger Verkehr, eine allseitige Abhängigkeit der Nationen voneinander.

Marx/Engels, Manifest der Kommunistischen Partei, MEW 4, 466

Die Bourgeoisie reißt durch die rasche Verbesserung aller Produktionsinstrumente, durch die unendlich erleichterten Kommunikationen alle, auch die barbarischsten Nationen in die Zivilisation. Die wohlfeilen Preise ihrer Waren sind die schwere Artillerie, mit der sie alle chinesischen Mauern in den Grund schießt, mit der sie den hartnäckigsten Fremdenhaß der Barbaren zur Kapitulation zwingt. Sie zwingt alle Nationen, die Produktionsweise der Bourgeoisie sich anzueignen, wenn sie nicht zugrunde gehn wollen; sie zwingt sie, die sogenannte Zivilisation bei sich selbst einzuführen, d.h. Bourgeois zu werden. Mit einem Wort, sie schafft sich eine Welt nach ihrem eigenen Bilde.

Marx/Engels, Manifest der Kommunistischen Partei, MEW 4, 466

Hand in Hand mit der Zentralisation oder der Expropriation vieler Kapitalisten durch wenige entwickelt sich die kooperative Form des Arbeitsprozesses auf stets wachsender Stufenleiter, die bewußte technische Anwendung der Wissenschaft, die planmäßige Ausbeutung der Erde, die Verwandlung der Arbeitsmittel in nur gemeinsam verwendbare Arbeitsmittel, die Ökonomisierung aller Produktionsmittel durch ihren Gebrauch als Produktionsmittel kombinierter, gesellschaftlicher Arbeit, die Verschlingung aller Völker in das Netz des Weltmarkts und damit der internationale Charakter des kapitalistischen Regimes.

Das Kapital, MEW 23, 790

Das Kapital ist also die Regierungsgewalt über die Arbeit und ihre Produkte. Der Kapitalist besitzt diese Gewalt, nicht seiner persönlichen oder menschlichen Eigenschaften wegen, sondern insofern er Eigentümer des Kapitals ist.

Ökonomisch-philosophische Manuskripte, MEW 40, 484

Änderungen, die von einer gesellschaftlichen Notwendigkeit diktiert werden, bahnen sich früher oder später ihren Weg; wenn sie zu einem dringenden

Bedürfnis geworden sind, müssen sie befriedigt werden, und die Gesetzgebung wird immer gezwungen sein, sich ihnen anzupassen.

Über die Nationalisierung des Grund und Bodens, MEW 18, 60

Je rascher sich [...] das produktive Kapital vermehrt, je blühender daher die Industrie ist, je mehr sich die Bourgeoisie bereichert, je besser das Geschäft geht, um so mehr Arbeiter braucht der Kapitalist, um so teurer verkauft sich der Arbeiter. Die unerläßliche Bedingung für eine passable Lage des Arbeiters ist also möglichst rasches Wachstum des produktiven Kapitals. Aber was ist Wachstum des produktiven Kapitals? Wachstum der aufgehäuften Arbeit über die lebendige Arbeit. Wachstum der Herrschaft der Bourgeoisie über die arbeitende Klasse.

Lohnarbeit und Kapital, MEW 6, 410 f.

Ein Land ist um so reicher, je geringer seine produktive Bevölkerung verhältnismäßig zum Gesamtprodukt ist; ganz wie für den einzelnen Kapitalisten, je weniger Arbeiter er braucht, um denselben Mehrwert zu erzeugen, um so besser für ihn. Das Land ist um so reicher, je geringer die produktive Bevölkerung im Verhältnis zur unproduktiven, bei derselben Quantität von Produkten. Denn die verhältnismäßige Geringheit der produktiven Bevölkerung wäre ja nur eine anderer Ausdruck für den verhältnismäßigen Grad der Produktivität der Arbeit.

Theorien über den Mehrwert, MEW 26/1, 199

Es folgt daher, daß im Maße wie Kapital akkumuliert, die Lage des Arbeiters, welches immer seine Zahlung, hoch oder niedrig, sich verschlechtern muß.

Das Kapital, MEW 23, 675

Wird Kapital ins Ausland geschickt, so geschieht es nicht, weil es absolut nicht im Inland beschäftigt werden könnte. Es geschieht, weil es zu höherer Profitrate im Ausland beschäftigt werden kann.

Das Kapital, MEW 25, 266

Die widerspruchsvolle Bewegung der kapitalistischen Gesellschaft macht sich dem praktischen Bourgeois am schlagendsten fühlbar in den Wechselfällen des periodischen Zyklus, den die moderne Industrie durchläuft und deren Gipfelpunkt – die allgemeine Krise ist.

Das Kapital, MEW 23, 28

Die letzte Illusion des kapitalistischen Systems, als ob Kapital der Sprößling eigener Arbeit und Ersparung wäre, geht damit in die Brüche. Nicht nur besteht der Profit in Aneignung fremder Arbeit, sondern das Kapital, womit diese fremde Arbeit in Bewegung gesetzt und ausgebeutet wird, besteht aus fremdem Eigentum, das der Geldkapitalist dem industriellen Kapitalisten zur Verfügung stellt und wofür er diesen seinerseits ausbeutet.

Das Kapital, MEW 25, 524

Das Kapital, das so »gute Gründe« hat, die Leiden der es umgebenden Arbeitergeneration zu leugnen, wird in seiner praktischen Bewegung durch die Aussicht auf zukünftige Verfaulung der Menschheit und schließlich doch unaufhaltsame Entvölkerung so wenig und so viel bestimmt als durch den möglichen Fall der Erde in die Sonne. In jeder Aktienschwindelei weiß jeder, daß das Unwetter einmal einschlagen muß, aber jeder hofft, daß es das Haupt seines Nächsten trifft, nachdem er selbst den Goldregen aufgefangen und in Sicherheit gebracht hat. »Après moi le déluge! [Nach mir die Sintflut!] ist der Wahlruf jedes Kapitalisten und jeder Kapitalistennation. Das Kapital ist daher rücksichtslos gegen Gesundheit und Lebensdauer des Arbeiters, wo es nicht durch die Gesellschaft zur Rücksicht gezwungen wird. Der Klage über physische und geistige Verkümmerung, vorzeitigen Tod, Tortur der Überarbeit, antwortet es: Sollte diese Qual uns quälen, da sie unsre Lust (den Profit) vermehrt? Im großen und ganzen hängt dies aber auch nicht vom guten oder bösen Willen des einzelnen Kapitalisten ab. Die freie Konkurrenz macht die immanenten Gesetze der kapitalistischen Produktion dem einzelnen Kapitalisten gegenüber als äußerliches Zwangsgesetz geltend.

Das Kapital, MEW 23, 285 f.

Die Kriegserklärung Englands oder vielmehr der Ostindischen Compagnie an Persien ist die Wiederholung einer jener listigen und rücksichtslosen Tricks der englischen Diplomatie in Asien, durch die England seine Besitzungen auf diesem Kontinent erweitert hat. Sobald die Compagnie einen habgierigen Blick auf die Besitzungen eines beliebigen unabhängigen Herrschers oder auf ein Gebiet wirft, dessen politische und kommerzielle Hilfsquellen oder dessen Gold und Edelsteine begehrt werden, wird das Opfer beschuldigt, irgendeinen angenommenen oder wirklichen Vertrag verletzt, ein imaginäres Versprechen gebrochen, eine

Einschränkungsbestimmung überschritten oder irgendeinen nicht greifbaren Frevel begangen zu haben, und dann wird der Krieg erklärt.

Der englisch-persische Krieg, MEW 12, 71

Im Zustand der Abspannung sinkt die Produktion unter die Stufe, die sie im vorigen Zyklus erreicht und wofür jetzt die technische Basis gelegt ist. In der Prosperität – der Mittelperiode – entwickelt sie sich weiter auf dieser Basis. In der Periode der Überproduktion und des Schwindels spannt sie die Produktivkräfte auf das Höchste an, bis hinaus über die kapitalistischen Schranken des Produktionsprozesses.

Das Kapital, MEW 25, 506 f.

Es ist Grundlage der kapitalistischen Produktion, daß das Geld als selbständige Form des Werts der Ware gegenübertritt oder daß der Tauschwert selbständige Form im Geld erhalten muß, und dies ist nur möglich, indem eine bestimmte Ware das Material wird, in deren Wert sich alle anderen Waren messen, daß sie eben dadurch die allgemeine Ware, die Ware im eigentlichen Sinn im Gegensatz zu allen anderen Waren wird. Dies muß sich in doppelter Hinsicht zeigen, und namentlich bei kapitalistisch entwickelten Nationen, die das Geld in großem Maß ersetzen, einerseits durch Kreditoperationen, andererseits durch Kreditgeld. In Zeiten der Klemme, wo der Kredit einschrumpft oder ganz aufhört, tritt plötzlich Geld als einziges Zahlungsmittel und wahres Dasein des Werts absolut den Waren gegenüber. Daher die allgemeine Entwertung der Waren, die Schwierigkeit, ja die Unmöglichkeit, sie in Geld zu verwandeln [...]. Zweitens aber: das Kreditgeld selbst ist nur Geld, soweit es im Betrage seines Nominalwerts absolut das wirkliche Geld vertritt [...]. Eine Entwertung des Kreditgeldes [...] würde alle bestehenden Verhältnisse erschüttern.

Das Kapital, MEW 25, 532

Die ungeheure, stoßweise Ausdehnbarkeit des Fabrikwesens und seine Abhängigkeit vom Weltmarkt erzeugen notwendig fieberhafte Produktion und darauf folgende Überfüllung der Märkte, mit deren Kontraktion Lähmung eintritt. Das Leben der Industrie verwandelt sich in eine Reihenfolge von Perioden mittlerer Lebendigkeit, Prosperität, Überproduktion, Krise und Stagnation.

Das Kapital, MEW 23, 476

Die Einnahmen der unproduktiven Klassen und derer, die von festem Einkommen leben, bleiben zum größten Teil stationär während der Inflation, die mit der Überproduktion und Überspekulation Hand in Hand geht. Ihre Konsumtionsfähigkeit vermindert sich daher relativ und damit ihre Fähigkeit, den Teil der Gesamtreproduktion zu ersetzen, der normalerweise in ihre Konsumtion eingehn müßte. Selbst wenn ihre Nachfrage nominell dieselbe bleibt, nimmt sie in Wirklichkeit ab.

Das Kapital, MEW 25, 508

Seit Dezennien ist die Geschichte der Industrie und des Handels nur die Geschichte der Empörung der modernen Produktivkräfte gegen die modernen Produktionsverhältnisse, gegen die Eigentumsverhältnisse, welche die Lebensbedingungen der Bourgeoisie und ihrer Herrschaft sind. Es genügt, die Handelskrisen zu nennen, welche in ihrer periodischen Wiederkehr immer drohender die Existenz der ganzen bürgerlichen Gesellschaft in Frage stellen. In den Handelskrisen wird ein großer Teil nicht nur der erzeugten Produkte, sondern sogar der bereits geschaffenen Produktivkräfte regelmäßig vernichtet. In den Krisen bricht eine gesellschaftliche Epidemie aus, welche allen früheren Epochen als ein Widersinn erschienen wäre – die Epidemie der Überproduktion. Die Gesellschaft findet sich plötzlich in einen Zustand momentaner Barbarei zurückversetzt; eine Hungersnot, ein allgemeiner Vernichtungskrieg scheinen ihr alle Lebensmittel abgeschnitten zu haben; die Industrie, der Handel scheinen vernichtet, und warum? Weil sie zuviel Zivilisation, zuviel Lebensmittel, zuviel Industrie, zuviel Handel besitzt. [...] Wodurch überwindet die Bourgeoisie Krisen? Einerseits durch die erzwungene Vernichtung einer Masse von Produktivkräften; andererseits durch die Eroberung neuer Märkte und die gründlichere Ausbeutung der alten Märkte. Wodurch also? Dadurch, daß sie allseitigere und gewaltigere Krisen vorbereitet und die Mittel, den Krisen vorzubeugen, vermindert.

Marx/Engels, Manifest der Kommunistischen Partei, MEW 4, 468

Die *wahre Schranke* der kapitalistischen Produktion ist das Kapital selbst, ist dies: daß das Kapital und seine Selbstverwertung als Ausgangspunkt und Endpunkt, als Motiv und Zweck der Produktion erscheint; daß die Produktion nur Produktion für das *Kapital* ist und nicht umgekehrt die Produktionsmittel bloße Mittel für eine stets sich erweiternde

Gestaltung des Lebensprozesses für die *Gesellschaft* der Produzenten sind. [...] Das Mittel – unbedingte Entwicklung der gesellschaftlichen Produktivkräfte – gerät in fortwährenden Konflikt mit dem beschränkten Zweck, der Verwertung des vorhandenen Kapitals. Wenn daher die kapitalistische Produktionsweise ein historisches Mittel ist, um die materielle Produktivkraft zu entwickeln und den ihr entsprechenden Weltmarkt zu schaffen, ist sie zugleich der beständige Widerspruch zwischen dieser ihrer historischen Aufgabe und den ihr entsprechenden gesellschaftlichen Produktionsverhältnissen.

Das Kapital, MEW 25, 260

Das Kapital hat einen Horror vor Abwesenheit von Profit oder sehr kleinem Profit, wie die Natur vor der Leere. Mit entsprechendem Profit wird Kapital kühn. Zehn Prozent sicher, und man kann es überall anwenden; 20 Prozent, es wird lebhaft; 50 Prozent, positiv waghalsig; für 100 Prozent stampft es alle menschlichen Gesetze unter seinen Fuß; 300 Prozent, und es existiert kein Verbrechen, das es nicht riskiert, selbst auf Gefahr des Galgens.

Das Kapital, MEW 23, 788 (Fußnote)

Noch mehr aber wird das Wertgesetz in seiner internationalen Anwendung dadurch modifiziert, daß auf dem Weltmarkt die produktivere nationale Arbeit ebenfalls als intensivere zählt, sooft die produktivere Nation nicht durch die Konkurrenz gezwungen wird, den Verkaufspreis ihrer Ware auf ihren Wert zu senken.

Das Kapital, MEW 23, 584

Man begreift das Vergnügen, wenn innerhalb des Kreditwesens alle diese potenziellen Kapitale durch ihre Konzentration in Händen von Banken usw. zu verfügbarem Kapital, Leihkapital, Geldkapital werden, und zwar nicht mehr zu passivem und als Zukunftsmusik, sondern zu aktivem, wucherndem (hier wuchern im Sinn des Wachsens).

Das Kapital, MEW 24, 489

Auf dem Gebiete der politischen Ökonomie begegnet die freie wissenschaftliche Forschung nicht nur demselben Feinde wie auf allen anderen Gebieten. Die eigentümliche Natur des Stoffes, den sie behandelt, ruft wider sie die heftigsten, kleinlichsten und gehässigsten Leidenschaften der menschlichen Brust, die Furien des Privatinteresses, auf den

Kampfplatz. Die englische Hochkirche z. B. verzeiht eher den Angriff auf 38 von ihren 39 Glaubensartikeln als auf 1/39 ihres Geldeinkommens.

Das Kapital, MEW 23, 16

Die bürgerlichen Produktions- und Verkehrsverhältnisse, die bürgerlichen Eigentumsverhältnisse, die moderne bürgerliche Gesellschaft, die so gewaltige Produktions- und Verkehrsmittel hervorgezaubert hat, gleicht dem Hexenmeister, der die unterirdischen Gewalten nicht mehr zu beherrschen vermag, die er heraufbeschwor.

Marx/Engels, Manifest der Kommunistischen Partei, MEW 4, 467

Die Waffen, womit die Bourgeoisie den Feudalismus zu Boden geschlagen hat, richten sich jetzt gegen die Bourgeoisie selbst. Aber die Bourgeoisie hat nicht nur die Waffen geschmiedet, die ihr den Tod bringen; sie hat auch die Männer gezeugt, die diese Waffen führen werden – die modernen Arbeiter, die *Proletarier*.

Marx/Engels, Manifest der Kommunistischen Partei, MEW 4, 468

Von dem Augenblick an, wo die Arbeit nicht mehr in Kapital, Geld, Grundrente, kurz, in eine monopolisierbare gesellschaftliche Macht verwandelt werden kann, d.h. von dem Augenblick, wo das persönliche Eigentum nicht mehr in bürgerliches umschlagen kann, von dem Augenblick an erklärt ihr, die Person sei aufgehoben. Ihr gesteht also, daß ihr unter der Person niemanden anders versteht als den Bourgeois, den bürgerlichen Eigentümer. Und diese Person soll allerdings aufgehoben werden.

Marx/Engels, Manifest der Kommunistischen Partei, MEW 4, 477

»FREIER STAAT – WAS IST DAS?«

Politik und Revolution

Die moderne Staatsgewalt ist nur ein Ausschuß, der die gemeinschaftlichen Geschäfte der ganzen Bourgeoisklasse verwaltet.

Marx/Engels, Manifest der Kommunistischen Partei, MEW 4, 464

In Zeiten, wo der politische Staat als politischer Staat gewaltsam aus der bürgerlichen Gesellschaft heraus geboren wird, wo die menschliche Selbstbefreiung unter der Form der politischen Selbstbefreiung sich zu vollziehen strebt, kann und muß der Staat bis zur *Aufhebung der Religion*, bis zur *Vernichtung* der Religion fortgehen, aber nur so, wie er zur Aufhebung des Privateigentums, zum Maximum, zur Konfiskation, zur progressiven Steuer, wie er zur Aufhebung des Lebens, zur *Guillotine* fortgeht. In den Momenten seines besondern Selbstgefühls sucht das politische Leben seine Voraussetzung, die bürgerliche Gesellschaft und ihre Elemente, zu erdrücken und sich als das wirkliche, widerspruchslose Gattungsleben des Menschen zu konstituieren. Es vermag dies indes nur durch *gewaltsamen* Widerspruch gegen seine eigenen Lebensbedingungen, nur indem es die Revolution für *permanent* erklärt, und das politische Drama endet daher ebenso notwendig mit der Wiederherstellung der Religion, des Privateigentums, aller Elemente der bürgerlichen Gesellschaft, wie der Krieg mit dem Frieden endet.

Zur Judenfrage, MEW 1, 357

Es ist jedes Mal das unmittelbare Verhältnis der Eigentümer der Produktionsbedingungen zu den unmittelbaren Produzenten [...] worin wir das innerste Geheimnis, die verborgene Grundlage der ganzen gesellschaftlichen Konstruktion und daher auch der [...] jedesmaligen spezifischen Staatsform finden.

Das Kapital, MEW 25, 799

Die Waffe der Kritik kann allerdings die Kritik der Waffen nicht ersetzen, die materielle Gewalt muß gestürzt werden durch materielle Gewalt, allein auch die Theorie wird zur materiellen Gewalt, sobald sie die Massen ergreift.

Zur Kritik der Hegelschen Rechtsphilosophie, MEW 1, 385

Das Prinzip der Politik ist der *Wille*. Je einseitiger, das heißt also je vollendeter der *politische* Verstand ist, um so mehr glaubt er an die *Allmacht* des Willens, um so blinder ist er gegen die *natürlichen* und geistigen *Schranken* des Willens, um so unfähiger ist er also, die Quelle sozialer Probleme zu entdecken.

Kritische Randglossen zu dem Artikel eines Preußen, MEW 1, 402

Revolutionen werden nicht von einer Partei gemacht, sondern vom ganzen Volk.

Interview mit der »Tribune«, 1878, MEW 34, 514

Die Grenze der politischen Emanzipation erscheint sogleich darin, daß der *Staat* sich von einer Schranke befreien kann, ohne daß der Mensch *wirklich* von ihr frei wäre, daß der Staat ein Freistaat sein kann, ohne daß der Mensch ein *freier Mensch* wäre. [...] Der Staat ist der Mittler zwischen dem Menschen und der Freiheit des Menschen. Wie Christus der Mittler ist, dem der Mensch seine ganze Göttlichkeit, seine ganze *religiöse Befangenheit* aufbürdet, so ist der Staat der Mittler, in den er seine ganze Ungöttlichkeit, seine ganze *menschliche Unbefangenheit* verlegt. [...] Der Staat hebt den Unterschied der *Geburt*, des *Standes*, der *Bildung*, der *Beschäftigung* in seiner Weise auf, wenn er Geburt, Stand, Bildung, Beschäftigung für *unpolitische* Unterschiede erklärt, wenn er ohne Rücksicht auf diese Unterschiede jedes Glied des Volkes zum *gleichmäßigen* Teilnehmer der Volkssouveränität ausruft, wenn er alle Elemente des wirklichen Volkslebens von dem Staatsgesichtspunkt aus behandelt.

Zur Judenfrage, MEW 1, 353 f.

Erst unter dem zweiten Bonaparte scheint sich der Staat völlig verselbständigt zu haben. Die Staatsmaschine hat sich der bürgerlichen Gesellschaft gegenüber so befestigt, daß an ihrer Spitze der Chef der Gesellschaft vom 10. Dezember genügt, ein aus der Fremde herbeigelaufener Glücksritter, auf den Schild gehoben von einer trunkenen Soldateska, die er durch Schnaps und Würste erkauft hat, nach der er stets von neuem mit der Wurst werfen muß. Daher die kleinlaute Verzweiflung, das Gefühl der ungeheuersten Demütigung, Herabwürdigung, das die Brust Frankreichs beklemmt und seinen Atem stocken macht. Es fühlt sich wie entehrt. Und dennoch schwebt die Staatsgewalt nicht in der Luft. Bonaparte vertritt eine Klasse [...].

Der achtzehnte Brumaire des Louis Bonaparte, MEW 8, 197 f.

Die Wahlphilosophie der Parlamentskandidaten besteht einfach darin, daß sie ihrer linken Hand erlauben, nicht zu wissen, was ihre rechte tut, und so waschen sie beide Hände in Unschuld.

Wahlkorruption in England, MEW 13, 527

Die ganze Weisheit unserer Staatsmänner läuft auf eine große Übertragung von Eigentum von einer Klasse von Personen auf eine andere hinaus.

Theorien über den Mehrwert, MEW 26/3, 303 f.

[Wer zwischen zwei bürgerlichen Regierungen nach dem kleineren Übel sucht, befindet sich] in der Lage von Buridans Esel, zwar nicht zwischen zwei Säcken Heu, um zu entscheiden, welcher der anziehendere, wohl aber zwischen zwei Trachten Prügel, um zu entscheiden, welche die härtere sei.

Der achtzehnte Brumaire des Louis Bonaparte, MEW 8, 190

Daher stellt sich die Menschheit immer nur Aufgaben, die sie lösen kann, denn genauer betrachtet wird sich stets finden, daß die Aufgabe selbst nur entspringt, wo die materiellen Bedingungen ihrer Lösung schon vorhanden oder wenigstens im Prozeß ihres Werdens begriffen sind.

Zur Kritik der Politischen Ökonomie, MEW 13, 9

Anderen etwas vormachen und sich dabei selbst etwas vormachen – das ist die parlamentarische Weisheit in der Nußschale.

An N.F. Danielson, 1881, MEW 35, 157

Auf einer gewissen Stufe ihrer Entwicklung geraten die materiellen Produktivkräfte der Gesellschaft in Widerspruch mit den vorhandenen Produktionsverhältnissen oder, was nur ein juristischer Ausdruck dafür ist, mit den Eigentumsverhältnissen, innerhalb deren sie sich bisher bewegt hatten. Aus Entwicklungsformen der Produktivkräfte schlagen diese Verhältnisse in Fesseln derselben um. Es tritt dann eine Epoche *sozialer* Revolution ein.

Zur Kritik der Politischen Ökonomie, MEW 13, 9

Von allen Klassen, welche heutzutage der Bourgeoisie gegenüberstehen, ist nur das Proletariat eine wirklich revolutionäre Klasse. Die übrigen Klassen verkommen und gehen unter mit der großen Industrie, das Proletariat ist ihr eigenstes Produkt.

Marx/Engels, Manifest der Kommunistischen Partei, MEW 4, 472

Alle Klassen und Parteien hatten sich [...] zur *Partei der Ordnung* vereint gegenüber der proletarischen Klasse, als der *Partei der Anarchie*, des Sozialismus, des Kommunismus. Sie hatten die Gesellschaft »gerettet« gegen »*die Feinde der Gesellschaft*«. Sie hatten die Stichworte der alten Gesellschaft, »*Eigentum, Familie, Religion, Ordnung*«, als Parole unter ihr Heer ausgeteilt und der kontrerevolutionären Kreuzfahrt zugerufen: »Unter diesem Zeichen wirst du siegen!«

Der achtzehnte Brumaire des Louis Bonaparte, MEW 8, 123

Für den Kleinbürger, der in der Warenproduktion das nec plus ultra [den Gipfel] menschlicher Freiheit und individueller Unabhängigkeit erblickt, wäre es natürlich sehr wünschenswert, der mit dieser Form verbundenen Mißstände enthoben zu sein.

Das Kapital, MEW 23, 82

In einer fortgeschrittenen Gesellschaft und durch den Zwang seiner Lage wird der Kleinbürger einesteils Sozialist, anderenteils Ökonom, d.h. er ist geblendet von der Herrlichkeit der großen Bourgeoisie und hat Mitgefühl für die Leiden des Volkes. Er ist Bourgeois und Volk zugleich. Im Innersten seines Gewissens schmeichelt er sich, unparteiisch zu sein, das rechte Gleichgewicht gefunden zu haben [...]. Ein solcher Kleinbürger vergöttlicht den Widerspruch, weil der Widerspruch der Kern seines Wesens ist. Er selber ist bloß der soziale Widerspruch in Aktion.

An P. W. Annenkow, 1846, MEW 4, 557

Die Bourgeoisie hatte keine Hand gerührt. Sie hatte dem Volke erlaubt, sich für sie zu schlagen. Die ihr übertragene Herrschaft war daher nicht die Herrschaft des Feldherrn, der seinen Gegner besiegt, sondern die Herrschaft eines Sicherheitsausschusses, dem das siegreiche Volk die Wahrung seiner eigenen Interessen anvertraut.

Die Bourgeoisie und die Kontrerevolution, MEW 6, 106

Erst wenn eine große soziale Revolution die Ergebnisse der bürgerlichen Epoche, den Weltmarkt und die modernen Produktivkräfte, gemeistert und sie der gemeinsamen Kontrolle der am weitesten fortgeschrittenen Völker unterworfen hat, erst dann wird der menschliche Fortschritt nicht mehr jenem scheußlichen heidnischen Götzen gleichen, der den Nektar nur aus den Schädeln Erschlagener trinken wollte.

Die britische Herrschaft in Indien, MEW 9, 226

Der gewaltsame Niederschlag einer Revolution läßt in den Köpfen ihrer Mitspieler, namentlich der vom heimischen Schauplatz ins Exil geschleuderten, eine Erschütterung zurück, welche selbst tüchtige Persönlichkeiten für kürzere oder längere Zeit sozusagen unzurechnungsfähig macht. Sie können sich nicht in den Gang der Geschichte finden, sie wollen nicht einsehen, daß sich die Form der Bewegung verändert hat. Daher Konspirations- und Revolutionsspielerei, gleich kompromittierlich für sie selbst und die Sache, in deren Dienst sie stehen. [...] Nach dem Untergange der Revolution von 1848 existierte die deutsche Arbeiterbewegung nur noch unter der Form theoretischer, zudem in enge Kreise gebannter Propaganda, über deren praktische Gefahrlosigkeit die preußische Regierung sich keinen Augenblick täuschte. Ihr galt die Kommunistenhetze nur als Einleitung zum Reaktionskreuzzug gegen die liberale Bourgeoisie.

Enthüllungen über den Kommunisten-Prozeß zu Köln, MEW 8, 574 f.

Das materielle Leben der Individuen, welches keineswegs von ihrem bloßen »Willen« abhängt, ihre Produktionsweise und die Verkehrsform, die sich wechselseitig bedingen, ist die reelle Basis des Staats und bleibt es auf allen Stufen, auf denen die Teilung der Arbeit und das Privateigentum noch nötig sind, ganz unabhängig vom *Willen* der Individuen. Diese wirklichen Verhältnisse sind keineswegs von der Staatsmacht geschaffen, sie sind vielmehr die sie schaffende Macht. Die unter diesen Verhältnissen herrschenden Individuen müssen, abgesehen davon, daß ihre Macht sich als *Staat* konstituieren muß, ihrem durch diese bestimmten Verhältnisse bedingten Willen einen allgemeinen Ausdruck als Staatswillen geben, als Gesetz – einen Ausdruck, dessen Inhalt immer durch die Verhältnisse dieser Klasse gegeben ist, wie das Privat- und Strafrecht aufs Klarste beweisen. [...] Der Ausdruck dieses durch ihre gemeinschaftlichen Interessen bedingten Willens ist das Gesetz.

Marx/Engels, Die deutsche Ideologie, MEW 3, 311

Und es gehörte jene eigentümliche Krankheit dazu, die seit 1848 auf dem ganzen Kontinent grassiert hat, der *parlamentarische Kretinismus*, der die Angesteckten in eine eingebildete Welt festbannt und ihnen allen Sinn, alle Erinnerung, alles Verständnis für die rauhe Außenwelt raubt.

Der achtzehnte Brumaire des Louis Bonaparte, MEW 8, 173

Die Bürokratie ist ein Kreis, aus dem niemand herausspringen kann. Ihre Hierarchie ist eine *Hierarchie des Wissens.* Die Spitze vertraut den unteren Kreisen die Einsicht ins Einzelne zu, wogegen die unteren Kreise der Spitze die Einsicht in das Allgemeine zutrauen, und so täuschen sie sich wechselseitig.

Kritik des Hegelschen Staatsrechts, MEW 1, 249

Die Steuern sind die wirtschaftliche Grundlage der Regierungsmaschine und von sonst nichts.

Kritik des Gothaer Programms, MEW 19, 30

Das *gleiche Recht* ist hier daher immer noch — dem Prinzip nach – das *bürgerliche Recht*, obgleich Prinzip und Praxis sich nicht mehr in den Haaren liegen, während der Austausch von Äquivalenten beim Warenaustausch nur im Durchschnitt, nicht für den einzelnen Fall existiert. Trotz dieses Fortschritts ist dieses gleiche Recht stets noch mit einer bürgerlichen Schranke behaftet. Das Recht der Produzenten ist ihren Arbeitslieferungen *proportionell*; die Gleichheit besteht darin, daß an *gleichem Maßstab*, der Arbeit, gemessen wird. Der eine ist aber physisch oder geistig dem andern überlegen, liefert also in derselben Zeit mehr Arbeit oder kann während mehr Zeit arbeiten; und die Arbeit, um als Maß zu dienen, muß der Ausdehnung oder der Intensität nach bestimmt werden, sonst hörte sie auf, Maßstab zu sein. Dies *gleiche* Recht ist ungleiches Recht für ungleiche Arbeit.

Kritik des Gothaer Programms, MEW 19, 20 f.

[Die utopischen Sozialisten] verwerfen [...] alle politische, namentlich alle revolutionäre Aktion, sie wollen ihr Ziel auf friedlichem Wege erreichen und versuchen, durch kleine, natürlich fehlschlagende Experimente, durch die Macht des Beispiels dem neuen gesellschaftlichen Evangelium Bahn zu brechen. Sie sind sich zwar bewußt, in ihren Plänen hauptsächlich das Interesse der arbeitenden Klasse als der leidendsten Klasse zu vertreten. Nur unter diesem Gesichtspunkt der leidendsten Klasse existiert das Proletariat für sie.

Marx/Engels, Manifest der Kommunistischen Partei, MEW 4, 490

Freier Staat – was ist das? [...] Die Freiheit besteht darin, den Staat aus einem der Gesellschaft übergeordneten in ein ihr durchaus untergeordnetes Organ zu verwandeln.

Kritik des Gothaer Programms, MEW 19, 27

Die Revolutionen sind die Lokomotiven der Geschichte.

Die Klassenkämpfe in Frankreich 1848 bis 1850, MEW 7, 85

Welche Umwandlung wird das Staatswesen in einer kommunistischen Gesellschaft erleiden? In anderen Worten, welche gesellschaftliche Funktionen bleiben dort übrig, die jetzigen Staatsfunktionen analog sind? Diese Frage ist nur wissenschaftlich zu beantworten, und man kommt dem Problem durch tausendfache Zusammensetzung des Worts Volk mit dem Wort Staat auch nicht um einen Flohsprung näher.

Kritik des Gothaer Programms, MEW 19, 28

In dem Maße, wie die Exploitation des einen Individuums durch das andere aufgehoben wird, wird die Exploitation einer Nation durch die andere aufgehoben. Mit dem Gegensatz der Klassen im Innern der Nation fällt die feindliche Stellung der Nationen gegeneinander.

Marx/Engels, Manifest der Kommunistischen Partei, MEW 4, 479

Diese Organisation der Proletarier zur Klasse, und damit zur politischen Partei, wird jeden Augenblick wieder gesprengt durch die Konkurrenz unter den Arbeitern selbst. Aber sie ersteht immer wieder, stärker, fester, mächtiger. Sie erzwingt die Anerkennung einzelner Interessen der Arbeiter in Gesetzesform, indem sie die Spaltungen der Bourgeoisie unter sich benutzt.

Marx/Engels, Manifest der Kommunistischen Partei, MEW 4, 471

Das revolutionäre Programm soll nicht *aufgegeben*, sondern nur *aufgeschoben* werden – bis auf unbestimmte Zeit. Man nimmt es an, aber eigentlich nicht für sich selbst und für seine Lebzeiten, sondern posthum als Erbstück für Kinder und Kindeskinder. Inzwischen wendet man seine »ganze Kraft und Energie« auf allerhand Kleinkram und Herumflickerei an der kapitalistischen Gesellschaftsordnung, damit es doch aussieht, als geschehe etwas und gleichzeitig die Bourgeoisie nicht erschreckt werde.

Marx/Engels, Zirkulkarbrief an die SPD-Führung, 1879, MEW 19, 162

Es sind die Repräsentanten des Kleinbürgertums, die sich anmelden, voll Angst, das Proletariat, durch seine revolutionäre Lage gedrängt, möge »zu weit gehn«.

Statt entschiedner politischer Opposition – allgemeine Vermittlung; statt des Kampfs gegen Regierung und Bourgeoisie – der Versuch, sie zu gewinnen und zu überreden; statt trotzigen Widerstands gegen Mißhandlungen von oben – demütige Unterwerfung und das Zugeständnis, man habe die Strafe verdient. Alle historisch notwendigen Konflikte werden umgedeutet in Mißverständnisse und alle Diskussion beendigt mit der Beteuerung: in der Hauptsache sind wir ja alle einig.

Marx/Engels, Zirkulkarbrief an die SPD-Führung, 1879, MEW 19, 163

Jede Bewegung, worin die Arbeiterklasse als Klasse den herrschenden Klassen gegenübertritt und sie durch Druck von unten zu zwingen sucht, [ist] eine politische Bewegung. Z. B. der Versuch, in einer einzelnen Fabrik oder auch in einer einzelnen Branche durch Streiks usw. von den einzelnen Kapitalisten eine Beschränkung der Arbeitszeit zu erzwingen, ist eine rein ökonomische Bewegung; dagegen die Bewegung, einen Achtstundentag usw. durch Gesetz zu erzwingen, ist eine politische Bewegung.

An F. Bolte, 1871, MEW 33, 332 f.

Jeder muß seine religiöse wie seine leibliche Notdurft verrichten können, ohne daß die Polizei ihre Nase hineinsteckt.

Kritik des Gothaer Programms, MEW 19, 31

Jede Forderung der einfachsten bürgerlichen Finanzreform, des ordinärsten Liberalismus, des formalsten Republikanertums, der plattesten Demokratie, wird gleichzeitig als »Attentat auf die Gesellschaft« bestraft und als »Sozialismus« gebrandmarkt.

Der achtzehnte Brumaire des Louis Bonaparte, MEW 8, 123

Wir müssen den Regierungen erklären: Wir wissen, daß ihr die bewaffnete Macht seid, die gegen die Proletarier gerichtet ist; wir werden auf friedlichem Wege gegen euch vorgehen, wo uns das möglich sein wird, und mit den Waffen, wenn es notwendig werden sollte.

Sitzungsprotokoll der Internationalen Arbeiterassoziation, MEW 17, 652

Die Gewalt ist der Geburtshelfer jeder alten Gesellschaft, die mit einer neuen schwanger geht.

Das Kapital, MEW 23, 779

In seinem Kampf gegen die kollektive Macht der besitzenden Klassen kann das Proletariat nur dann als Klasse handeln, wenn es sich selbst als besondere politische Partei im Gegensatz zu allen alten, von den besitzenden Klassen gebildeten Parteien konstituiert. – Diese Konstituierung des Proletariats als politische Partei ist unerläßlich, um den Triumph der sozialen Revolution und ihres höchsten Zieles, der Aufhebung der Klassen, zu sichern.

Marx/Engels, Resolutionen des allgemeinen Kongresses zu Haag vom 2. bis 7. September 1872, MEW 18, 149

Der Sturz der kapitalistischen Ordnung [liegt] in unerreichbarer Ferne, hat also absolut keine Bedeutung für die politische Praxis der Gegenwart; man kann vermitteln, kompromisseln, menschenrechteln nach Herzenslust. Ebenso geht's mit dem Klassenkampf zwischen Proletariat und Bourgeoisie. Auf dem Papier erkennt man ihn an, weil man ihn doch nicht mehr wegleugnen kann, in der Praxis aber wird er vertuscht, verwaschen, abgeschwächt. Die sozialdemokratische Partei soll keine Arbeiterpartei sein, sie soll nicht den Haß der Bourgeoisie oder überhaupt irgend jemandes auf sich laden [...]. Statt auf weitgehende, die Bourgeois abschreckende und doch in unserer Generation unerreichbare Ziele

Gewicht zu legen, soll sie lieber ihre ganze Kraft und Energie auf diejenigen kleinbürgerlichen Flickreformen verwenden, die der alten Gesellschaftsordnung neue Stützen verleihen und dadurch die endliche Katastrophe vielleicht in einen allmählichen, stückweisen und möglichst friedfertigen Auflösungsprozeß verwandeln könnten. Wir haben bei der Gründung der Internationalen ausdrücklich den Schlachtruf formuliert: Die Befreiung der Arbeiterklasse muß das Werk der Arbeiterklasse selbst sein. Wir können also nicht in einer Partei zusammengehen mit Leuten, die es offen aussprechen, daß die Arbeiter zu ungebildet sind, sich selbst zu befreien, und erst von oben herab befreit werden müssen.

Marx/Engels, Zirkularbrief an die SPD-Führung, 1879, MEW 19, 163 f.

Jeder Schritt wirklicher Bewegung ist wichtiger als ein Dutzend Programme.

An W. Bracke, 1875, MEW 19, 13

»DIE WIRKLICHE BEWEGUNG«

Sozialismus und Kommunismus

Die Kommunisten unterscheiden sich von den übrigen proletarischen Parteien nur dadurch, daß sie einerseits in den verschiedenen nationalen Kämpfen der Proletarier die gemeinsamen, von der Nationalität unabhängigen Interessen des gesamten Proletariats hervorheben und zur Geltung bringen, andrerseits dadurch, daß sie in den verschiedenen Entwicklungsstufen, welche der Kampf zwischen Proletariat und Bourgeoisie durchläuft, stets das Interesse der Gesamtbewegung vertreten. Die Kommunisten sind also praktisch der entschiedenste, immer weitertreibende Teil der Arbeiterparteien aller Länder; sie haben theoretisch vor der übrigen Masse des Proletariats die Einsicht in die Bedingungen, den Gang und die allgemeinen Resultate der proletarischen Bewegung voraus.

Marx/Engels, Manifest der Kommunistischen Partei, MEW 4, 474

Mit einem Wort, die Kommunisten unterstützen überall jede revolutionäre Bewegung gegen die bestehenden gesellschaftlichen und politischen Zustände. In allen diesen Bewegungen heben sie die Eigentumsfrage, welche mehr oder minder entwickelte Form sie auch angenommen haben möge, als die Grundfrage der Bewegung hervor.

Marx/Engels, Manifest der Kommunistischen Partei, MEW 4, 492

In einer höheren Phase der kommunistischen Gesellschaft, nachdem die knechtende Unterordnung der Individuen unter die Teilung der Arbeit, damit auch der Gegensatz geistiger und körperlicher Arbeit verschwunden ist; nachdem die Arbeit nicht nur Mittel zum Leben, sondern selbst das erste Lebensbedürfnis geworden; nachdem mit der allseitigen Entwicklung der Individuen auch ihre Produktivkräfte gewachsen und alle Springquellen des genossenschaftlichen Reichtums voller fließen – erst dann kann der enge bürgerliche Rechtshorizont ganz überschritten werden und die Gesellschaft auf ihre Fahne schreiben: Jeder nach seinen Fähigkeiten, jedem nach seinen Bedürfnissen!

Kritik des Gothaer Programms, MEW 19, 21

Der Kommunismus ist für uns nicht ein Zustand, der hergestellt werden soll, ein *Ideal*, wonach die Wirklichkeit sich zu richten haben [wird]. Wir nennen Kommunismus die *wirkliche* Bewegung, welche den jetzigen Zustand aufhebt. Die Bedingungen dieser Bewegung ergeben sich aus der jetzt bestehenden Voraussetzung.

Marx/Engels, Die deutsche Ideologie, MEW 3, 35

Zwischen der kapitalistischen und der kommunistischen Gesellschaft liegt die Periode der revolutionären Umwandlung der einen in die andre. Der entspricht auch eine politische Übergangsperiode, deren Staat nichts anderes sein kann als die revolutionäre Diktatur des Proletariats.

Kritik des Gothaer Programms, MEW 19, 28

Womit wir es hier zu tun haben, ist eine kommunistische Gesellschaft, nicht wie sie sich auf ihrer eignen Grundlage *entwickelt* hat, sondern umgekehrt, wie sie eben aus der kapitalistischen Gesellschaft *hervorgeht*, also in jeder Beziehung, ökonomisch, sittlich, geistig, noch behaftet ist mit den Muttermalen der alten Gesellschaft, aus deren Schoß sie herkommt.

Kritik des Gothaer Programms, MEW 19, 20

Alle Einwürfe, die gegen die kommunistische Aneignungs- und Produktionsweise der materiellen Produkte gerichtet werden, sind ebenso auf die Aneignung und Produktion der geistigen Produkte ausgedehnt worden. Wie für den Bourgeois das Aufhören des Klasseneigentums das Aufhören der Produktion selbst ist, so ist für ihn das Aufhören der Klassenbildung identisch mit dem Aufhören der Bildung überhaupt. Die Bildung, deren Verlust er bedauert, ist für die enorme Mehrzahl die Heranbildung zur Maschine. Aber streitet nicht mit uns, indem ihr an euren bürgerlichen Vorstellungen von Freiheit, Bildung, Recht usw. die Abschaffung des bürgerlichen Eigentums meßt. Eure Ideen selbst sind Erzeugnisse der bürgerlichen Produktions- und Eigentumsverhältnisse, wie euer Recht nur der zum Gesetz erhobene Wille eurer Klasse ist.

Marx/Engels, Manifest der Kommunistischen Partei, MEW 4, 477

Was den Kommunismus auszeichnet, ist nicht die Abschaffung des Eigentums überhaupt, sondern die Abschaffung des bürgerlichen Eigentums.

Marx/Engels, Manifest der Kommunistischen Partei, MEW 4, 475

Der Kommunismus unterscheidet sich von allen bisherigen Bewegungen dadurch, daß er die Grundlage aller bisherigen Produktions- und Verkehrsverhältnisse umwälzt und alle naturwüchsigen Voraussetzungen zum ersten Mal mit Bewußtsein als Geschöpfe der bisherigen Menschen behandelt, ihrer Naturwüchsigkeit entkleidet und der Macht der vereinigten Individuen unterwirft.

Marx/Engels, Die deutsche Ideologie, MEW 3, 70

Obgleich nicht dem Inhalt, ist der Form nach der Kampf des Proletariats gegen die Bourgeoisie zunächst ein nationaler. Das Proletariat eines jeden Landes muß natürlich zuerst mit seiner eigenen Bourgeoisie fertig werden.

Marx/Engels, Manifest der Kommunistischen Partei, MEW 4, 473

Das Proletariat wird seine politische Herrschaft dazu benutzen, der Bourgeoisie nach und nach alles Kapital zu entreißen, alle Produktionsinstrumente in den Händen des Staats, d.h. des als herrschende Klasse organisierten Proletariats, zu zentralisieren und die Masse der Produktionskräfte möglichst rasch zu vermehren.

Marx/Engels, Manifest der Kommunistischen Partei, MEW 4, 481

Die Gleichmachung der Klassen, wörtlich interpretiert, läuft auf die Harmonie von Kapital und Arbeit hinaus, welche die Bourgeoissozialisten so aufdringlich predigen. Nicht die Gleichmachung der Klassen – ein logischer Widersinn, unmöglich zu realisieren –, sondern vielmehr die Abschaffung der Klassen, dieses wahre Geheimnis der proletarischen Bewegung, bildet das große Ziel der Internationalen Arbeiterassoziation.

Marx im Namen der Internationalen Arbeiterassoziation an die Bakunisten, 1869, MEW 16, 349

»Aber«, wird man sagen, »religiöse, moralische, philosophische, politische, rechtliche Ideen usw. modifizierten sich allerdings im Lauf der geschichtlichen Entwicklung [...]. Es gibt zudem ewige Wahrheiten, wie Freiheit, Gerechtigkeit usw., die allen gesellschaftlichen Zuständen gemeinsam sind. Der Kommunismus aber schafft die ewigen Wahrheiten ab, er schafft die Religion ab, die Moral, statt sie neu zu gestalten, er widerspricht also allen bisherigen geschichtlichen Entwicklungen.« Worauf reduziert sich diese Anklage? Die Geschichte der ganzen bisherigen Gesellschaft bewegte sich in Klassengegensätzen, die in den verschiedenen Epochen verschieden gestaltet waren.

Welche Form sie aber auch immer angenommen, die Ausbeutung des einen Teils der Gesellschaft durch den andern ist eine allen vergangenen Jahrhunderten gemeinsame Tatsache. Kein Wunder daher, daß das gesellschaftliche Bewußtsein aller Jahrhunderte, aller Mannigfaltigkeit und Verschiedenheit zum Trotz, in gewissen gemeinsamen Formen sich bewegt, in Bewußtseinsformen, die nur mit dem gänzlichen Verschwinden des Klassengegensatzes sich vollständig auflösen.

Marx/Engels, Manifest der Kommunistischen Partei, MEW 4, 480 f.

[Der deutsche oder wahre Sozialismus] diente den deutschen absoluten Regierungen mit ihrem Gefolge von Pfaffen, Schulmeistern, Krautjunkern und Bürokraten als erwünschte Vogelscheuche gegen die drohend aufstrebende Bourgeoisie. Er bildete die süßliche Ergänzung zu den bitteren Peitschenhieben und Flintenkugeln, womit dieselben Regierungen die deutschen Arbeiteraufstände bearbeiteten.

Marx/Engels, Manifest der Kommunistischen Partei, MEW 4, 478

Der Kommunistenprozeß zu Köln selbst brandmarkt die Ohnmacht der Staatsmacht in ihrem Kampf gegen die gesellschaftliche Entwicklung. Der kgl. preußische Staatsanwalt begründete die Schuld der Angeklagten schließlich damit, daß sie die staatsgefährlichen Prinzipien des *»Kommunistischen Manifestes«* heimlich verbreiteten. Und werden trotzdem dieselben Prinzipien zwanzig Jahre später nicht in Deutschland auf offener Straße verkündet? Erschallen sie nicht selbst von der Tribüne des Reichstags? Haben sie in der Gestalt des Programms der Internationalen Arbeiterassoziation nicht die Reise um die Welt gemacht, allen Regierungssteckbriefen zum Trotz? Die Gesellschaft findet nun einmal nicht ihr Gleichgewicht, bis sie sich um die Sonne der Arbeit dreht.

Enthüllungen über den Kommunisten-Prozeß zu Köln, MEW 8, 576

Der Kommunismus verneint die Notwendigkeit der Existenz der Klassen; er will alle Klassen, alle Klassenunterschiede abschaffen.

Marx/Engels, Manifest der Kommunistischen Partei, MEW 4, 520

Der Kommunismus nimmt keinem die Macht, sich gesellschaftliche Produkte anzueignen, er nimmt nur die Macht, sich durch diese Aneignung fremde Arbeit zu unterjochen.

Marx/Engels, Manifest der Kommunistischen Partei, MEW 4, 477

Der religiöse Widerschein der wirklichen Welt kann überhaupt nur verschwinden, sobald die Verhältnisse des praktischen Werkeltaglebens den Menschen tagtäglich durchsichtig vernünftige Beziehungen zueinander und zur Natur darstellen. Die Gestalt des gesellschaftlichen Lebensprozesses, d. h. des materiellen Produktionsprozesses, streift nur ihren mystischen Nebelschleier ab, sobald sie als Produkt frei vergesellschafteter Menschen unter deren bewußter planmäßiger Kontrolle steht. Dazu ist jedoch eine materielle Grundlage der Gesellschaft erheischt oder eine Reihe materieller Existenzbedingungen, welche selbst wieder das naturwüchsige Produkt einer langen und qualvollen Entwicklungsgeschichte sind.

Das Kapital, MEW 23, 94

Aber ihr Kommunisten wollt die Weibergemeinschaft einführen, schreit uns die ganze Bourgeoisie im Chor entgegen. Der Bourgeois sieht in seiner Frau ein bloßes Produktionsinstrument. Er hört, daß die Produktionsinstrumente gemeinschaftlich ausgebeutet werden sollen, und kann sich natürlich nichts anderes denken, als daß das Los der Gemeinschaftlichkeit die Weiber gleichfalls treffen wird. Er ahnt nicht, daß es sich eben darum handelt, die Stellung der Weiber als bloßer Produktionsinstrumente aufzuheben.

Marx/Engels, Manifest der Kommunistischen Partei, MEW 4, 487 f.

Das Recht kann seiner Natur nach nur in Anwendung von gleichem Maßstab bestehn; aber die ungleichen Individuen (und sie wären nicht verschiedne Individuen, wenn sie nicht ungleiche wären) sind nur an gleichem Maßstab meßbar, soweit man sie unter einen gleichen Gesichtspunkt bringt, sie nur von einer bestimmten Seite faßt, z. B. im gegebnen Fall sie nur als Arbeiter betrachtet und weiter nichts in ihnen sieht, von allem andern absieht. Ferner: Ein Arbeiter ist verheiratet, der andre nicht; einer hat mehr Kinder als der andre etc. etc. Bei gleicher Arbeitsleistung und daher gleichem Anteil an dem gesellschaftlichen

Konsumtionsfonds erhält also der eine faktisch mehr als der andre, ist der eine reicher als der andre etc. Um alle diese Mißstände zu vermeiden, müßte das Recht, statt gleich, vielmehr ungleich sein. Aber diese Mißstände sind unvermeidbar in der ersten Phase der kommunistischen Gesellschaft, wie sie eben aus der kapitalistischen Gesellschaft nach langen Geburtswehen hervorgegangen ist. Das Recht kann nie höher sein als die ökonomische Gestaltung und dadurch bedingte Kulturentwicklung der Gesellschaft.

Kritik des Gothaer Programms, MEW 19, 21

Wir wissen sehr gut, daß die kommunistische Bewegung nicht durch ein paar deutsche Phrasenmacher verdorben werden kann. Aber es ist dennoch nötig, in einem Lande wie Deutschland, wo die philosophischen Phrasen seit Jahrhunderten eine gewisse Macht hatten [...] allen Phrasen entgegenzutreten, die das Bewußtsein über den totalen Gegensatz des Kommunismus gegen die bestehende Weltordnung noch mehr abschwächen und verwässern könnten.

Marx/Engels, Die »Rheinischen Jahrbücher« oder Die Philosophie des wahren Sozialismus, MEW 4, 457

Den Kommunisten ist ferner vorgeworfen worden, sie wollten das Vaterland, die Nationalität abschaffen. Die Arbeiter haben kein Vaterland. Man kann ihnen nicht nehmen, was sie nicht haben. Indem das Proletariat zunächst sich die politische Herrschaft erobern, sich zur nationalen Klasse erheben, sich selbst als Nation konstituieren muß, ist es selbst noch national, wenn auch keineswegs im Sinne der Bourgeoisie. [...] Mit dem Gegensatz der Klassen im Innern der Nation fällt die feindliche Stellung der Nationen gegeneinander.

Marx/Engels, Manifest der Kommunistischen Partei, MEW 4, 479

Die Kommunisten verschmähen es, ihre Ansichten und Absichten zu verheimlichen. Sie erklären es offen, daß ihre Zwecke nur erreicht werden können durch den gewaltsamen Umsturz aller bisherigen Gesellschaftsordnung. Mögen die herrschenden Klassen vor einer kommunistischen Revolution zittern. Die Proletarier haben nichts in ihr zu verlieren als ihre Ketten. Sie haben eine Welt zu gewinnen. *Proletarier aller Länder, vereinigt euch!*

Marx/Engels, Manifest der Kommunistischen Partei, MEW 4, 493

Die politische Gewalt im eigentlichen Sinne ist die organisierte Gewalt einer Klasse zur Unterdrückung einer andern. Wenn das Proletariat im Kampfe gegen die Bourgeoisie sich notwendig zur Klasse vereint, durch eine Revolution sich zur herrschenden Klasse macht und als herrschende Klasse gewaltsam die alten Produktionsverhältnisse aufhebt, so hebt es mit diesen Produktionsverhältnissen die Existenzbedingungen des Klassengegensatzes, die Klassen überhaupt, und damit seine eigene Herrschaft als Klasse auf. An die Stelle der alten bürgerlichen Gesellschaft mit ihren Klassen und Klassengegensätzen tritt eine Assoziation, worin die freie Entwicklung eines jeden die Bedingung für die freie Entwicklung aller ist.

Marx/Engels, Manifest der Kommunistischen Partei, MEW 4, 482

Neues Leben – eine Marke der
Eulenspiegel Verlagsgruppe Buchverlage

ISBN 978-3-355-01914-9

1. Auflage 2024

Umschlaggestaltung: Buchgut, Berlin
unter Verwendung einer historischen Abbildung von Karl Marx

Druck und Bindung: buchdruckerei.de, Berlin

www.eulenspiegel.com